U0940818

口述记录工作的学术读解

何平 著

华南理工大学出版社
SOUTH CHINA UNIVERSITY OF TECHNOLOGY PRESS
·广州·

图书在版编目（CIP）数据

非遗口述记录工作的学术读解 / 何平著. —广州：华南理工大学出版社，2023.12

ISBN 978-7-5623-7431-2

Ⅰ. ① 非… Ⅱ. ①何… Ⅲ. ①非物质文化遗产 – 口述档案 – 记录 – 工作 – 中国 Ⅳ. ① G122

中国国家版本馆 CIP 数据核字（2023）第 173077 号

FEIYI KOUSHU JILU GONGZUO DE XUESHU DUJIE

非遗口述记录工作的学术读解

何 平 著

出 版 人：柯 宁

出版发行：华南理工大学出版社

（广州五山华南理工大学 17 号楼，邮编 510640）

http://hg.cb.scut.edu.cn E-mail：scutc13@scut.edu.cn

营销部电话：020-87113487 87111048（传真）

责任编辑：吴翠微

责任校对：龙祈君

印 刷 者：佛山家联印刷有限公司

开 本：787mm × 1092mm 1/16 印张：11.25 字数：171 千

版 次：2023 年 12 月第 1 版 印次：2023 年 12 月第 1 次印刷

定 价：69.00 元

目录

非遗传承人口述访谈记录文本整理的学术内涵

——写作访谈录的理论与实践

非遗传承人口述访谈工作，是一项带有学术性的系统工作。从国家层面要求的口述、实践、传承等几项内容看，它们相互间所形成的紧密关联的综合体，也是基于传承人的口述访谈工作形成的。

我曾在一篇文章中对非遗传承人口述史访谈记录的文本整理工作有过如下表述：

口述史中最重要的工作，就是口述访谈，将口述访谈的记录进行整理，是访谈工作能否完整呈现给公众的重要一环。在一般学理层面，口述访谈的记录有三种文本呈现方式：录音稿与现场重点记录的速记稿、口述访谈的文字记录稿、访谈录文本稿。这三种不同的记录文稿是相互关联的，是互相依存和递次推进的。

1. 录音稿与现场重点记录的速记稿，是后面两种文本的基础。它忠实地记录了现场的口述访谈氛围，并具有真正意义上的原创性。这一文本忠实记录了访谈出现的所有非语义性词、语气词、情感词、口头语，共同表现着现场气氛、口述人当时的陈述状态、口述人叙述的语言风格，以及当时的环境，这是对当时情景的再现，是一种照相式的翻拍，可以使当事人回忆起当时口述访谈的方方面面，甚至可以使读者有身临其境之感，这个最原始的记

录文本，为所有的文本写作打下了真实性的基础。

2. 口述访谈的文字记录稿，是一个相对完整的口述记录。它以第一种文本为基础，将其中所有与访谈内容无关的口头禅之类的语言去除，必要时还会按照一定的逻辑归类，形成相对完整的叙述，是极具资料价值的文稿。这种文本一般仍遵循口述人的语言语境以及他们的说话风格，在字数上也没有任何限制，"完整"是最重要的；一些重要的注释，包括人名、地名、专业名词、解释性的内容、旁引性的内容等一并加入；一般明显的口误、明显的语言上的小错误都需要订正，以达到真实完整、叙述清晰、解释得当、具有历史收藏价值的文本要求。

3. 访谈录文本稿，是一个颇具学术内涵的文本。它与第二种文本的区别在于，它必须将口述人或颠倒时序，或分散于不同部分的口述内容（尽管出现在口述的不同地方时已经相对完整了，但仍淹没在了"广袤"的多元内容中）进行拎取、梳理和归类；必须将口述人一些碎片化的语言内容，按照一定的叙事逻辑呈现出来。这些，是需要写作者认真进行原始文本研究。因为，非遗传承人的口述者大多数年龄较大，未必对每件事情、每项内容都有清晰的历史记忆，对具体的情景、叙事存在记忆混乱是会经常发生的。同时，有必要将前期对口述人研究中，口述人曾经明确表示或者已经著书立说的观点，但此时口述人却完全遗忘了的，或已经没有清晰记忆的，或被读者误读的内容，以注释或正文的方式适时加入进来，以此增强证据链的完整性、学术内涵的丰富性，形成一段完整的、有着时序要求的内容，由此达到收集资料、做出解释、找出规律的研究性的文本要求。访谈录文本稿实际是一种学术综合文稿，在文字语言上有一定要求，字数也并非无限制，同时，语言风格一般会遵循写作人的文笔。但不管怎样，其原则是不能添油加醋，一切必须建立在真实的基础上。

我是从2016年10月开始非遗传承人口述史工作的，第一个是潮州音乐（潮州筝）国家级非遗传承人杨秀明的口述工作，但当项目批下来时，杨先生已去世，所以当时只好采访与杨先生有交往并对他有了解的人。这次口述史的工作虽获得好评，但它是不完满的。

随后，我又相继对九位非遗传承人进行了口述访谈。这九位非遗传承人是：梅州客家山歌国家级非遗传承人汤明哲、汕尾渔歌国家级非遗传承人苏少琴、珠海沙田民歌广东省非遗传承人陈社金、珠海乾务飘色广东省非遗传承人梁广桓、珠海淇澳端午祈福巡游广东省非遗传承人钟金平、珠海三灶民歌广东省非遗传承人蔡柳森、珠海沙田民歌广东省非遗传承人吴金喜、珠海三灶竹草编织技艺广东省非遗传承人汤何佳、惠州惠东渔歌国家级非遗传承人李却妹。我对口述访谈的记录文本进行了研究整理，最后形成了8篇访谈录①。

这8篇访谈录，是我作为学术专员对非遗传承人口述访谈记录文稿的学术整理，真实反映了传承人的经历，记录了他们的传承内容，以及他们在非遗保护传承中所发挥的作用。文体是按照访谈录文本稿写作的，是具有学术内涵的文稿。

结合上述工作实践，这里就在传承人口述访谈工作中，口述记录文本整理需要注意的事项谈一谈。

一、总体原则

1. 现场的口述记录与记录文本整理形成的访谈录是有区别的。前者是对口述人访谈的记录稿，用于资料搜集，存之于档案库，最重要的是讲究资料的真实，包括传承人认为是真实的那些材料，应尽量保持原始素材，注重细节；后者是带有研究性质的学术综合文稿，是在前者的即真实的基础上对稿件进行整理以及删节，并适时加以理论解析和学理判断，是访谈者整理原始资料、学术分析、理论辨析的综合结果，具有了资料与学术两方面的意义。

传承人在口述时并非条理清晰地讲述，经常会出现口误的情况，常会有两种情况：一是事物的具体日期、具体事项记得不准确；二是事物发生的具

①由于时间的原因，未完成对惠东渔歌国家级非遗传承人李却妹的访谈录文本稿撰写。

体情境叙述混乱，时序经常性地颠倒。这些需要在文本整理时从各方面综合研究，从而形成正确的、有价值的学术综合文稿——访谈录。

2. 传承人所答非所问是会经常发生的，特别在语言交流产生障碍时尤为突出。如传承人用地方语言，像潮汕话、客家话、广府话进行交流时，俚语很多，有时是需要语言翻译者进行传递的；传承人两耳失聪，已完全听不见声音，同时又不会太多的文字的；传承人反应迟钝，记忆已完全模糊的；等等。同时，鉴于目前传承人的文化水平一般都不高，谈话往往仅只言片语，这就需要访谈者要在不同时间（如吃饭时）、不同谈话场合（如乘车、聊天时）以巧妙的方式不断进行追问，形成完整的“证据”链。在此基础上，再对多渠道获得的信息进行分析、研究、归纳，形成访谈录。

3. 一般来讲，访谈者在采访的问答中得到的碎片化的内容必须在后期的写作整理中、从传承人的只言片语中提炼，并综合其他渠道——如他人的评价、有关的研讨会、有关的论文、有关的报纸杂志等，整理出含有学术分量的访谈录。这就要求访谈者具有较好的知识储备、较充分的现场问答准备，特别是相关的专业知识，避免浅尝辄止的理论设问和轻率总结。如关于风格、个性、特点一类的内容，有时让传承人自己去评价确实很难，即使提到，传承人也只能简单地评说“我做得好”“与别人不一样”等等。

如对客家山歌传承人汤明哲“汤腔”的解读，对汕尾渔歌传承人苏少琴歌唱特点的阐释，对珠海淇澳端午祈福巡游传承人钟金平讲述的仪式内容的梳理，对珠海乾务飘色传承人梁广桓制作飘色技艺的论述，对珠海三灶竹草编织技艺传承人汤何佳编织技艺的描写，都是多方面综合的结果，而非仅靠传承人自己的讲述。

4. 访谈项目传承人，看似是单一项目的单一个体，实则是从整体保护的观点出发，对其整体传承环境十分重要的，也是不可或缺的文化记忆。如民歌的演唱往往与当地的风土人情有联系，我们从民歌传承人的口述中，常常会听到相关的内容，但传承人又往往很难完整地、有逻辑地讲出民歌与风土人情之间连贯的整体内容，这就需要访谈者通过其他途径将具体内容搞清楚，如从与传承人联系密切的亲戚朋友中、从查询的有关资料中、从相关专家学者的访谈中、从再次的补充采访中获得更多信息。在所完成的访谈录中，没有一个是由传承人自己论述形成正确时序的完整内容，因此必须进行后期研究与文本整理。

在传统音乐中，如苏少琴传承的汕尾渔歌，在当地有着强大的实用性，与当地民俗有着紧密联系，离开了民俗活动，民歌的生存就大打折扣，包括汕尾当地“歌化”的结婚过程，她演唱的婚嫁歌曲中的具体曲目等；吴金喜、陈社金传承的沙田民歌，与珠海沙田水乡生活有密切联系，沙田民歌与其他地区咸水歌既有联系又有区别；汤明哲传承的客家山歌，与地域的生存环境有关，例如客家山歌的号子，是上山时用来吓唬野猪的；蔡柳森传承的三灶民歌，除了地域环境特点，还与当地生活有关，如她擅长的《哭嫁歌》。

民俗项目的传承人，不仅是该民俗项目活动的组织者，也是该民俗项目活动中具体技艺的掌握者，这些核心技术、绝活技艺与整个民俗密切相关，需要文本整理时特别予以关注。一些重要事象涉及的东西，就是文化。例如，梁广桓传承的珠海乾务飘色，有色柜的装饰、绑扎飘色小孩的技艺等。

访谈录：

梁广桓：按照以前江西带回来的色棍，梁国栋教的就是有一簇梅花，“假脚”踩着这簇梅花，梅花由喜鹊衔着。用喜鹊隐藏住这个衔接的特点，就叫“过桥”，特点是隐藏。飘色《白蛇传》（《仕林祭塔》）里的塔，就是一个塔一个塔这样“过桥”的。

顺着色棍上去，色仔坐在最上端，拿着支箫，那支箫紧连着蟹。喜鹊衔着梅花，是离开的，里面实际没有树干，喜鹊就是这样用嘴巴衔住梅花，上去的人就坐在那。这双脚就这样踩着，非常稳当，能承载一个人在上面，就像螃蟹用钳子夹住钉螺一样，这双脚也夹住柱子。色仔或色女一只脚踩在钳子上，这就是“过桥”——隐藏了色棍。我们做得最好的活就是“过桥”，在珠海的香洲、斗门已经这样做飘色好多年了。我的“过桥”做得好，可能与我原来做纸扎有关系。

我们飘色上面那条蛇是真蛇，蛇皮经过药物处理，把蛇绑在色棍上，隐藏在色棍上面，用这条蛇掩盖了色棍的外露，蛇要保持新鲜，不新鲜会发臭。喜鹊同样用药水制作，先宰杀好、清理内脏，再用药水浸泡，制作完成后可以保持两三年都不坏。蛇口衔着的虾，非常大，和现在的罗氏虾一样大，要在新鲜时慢慢把虾肉清理出来，再用青矾浸泡制作好，特别是虾的两个钳子。

再如，钟金平的珠海淇澳端午祈福巡游，他对“五生五熟”的演绎创新、对历史故事的讲解、对巡游队伍的位序和路线的说明等。

访谈录：

钟金平：五生，是指猪的内脏：猪肺、猪肚、猪小肠、猪肝和猪心、猪小肚。用它们做出各种不同的形象，表现出不同的寓意：用猪肺加一个孔雀的头变成了孔雀开屏，表示万事如意、吉祥大吉；把猪肚化妆成一个寿星公；用猪小肠做成拱门，供双鲤跳龙门用——两条鲤鱼跳过用红笔写有“出入平安”的龙门；猪肝做万寿乌龟的身体，猪心配在一起做乌龟的眼睛、嘴巴、鼻子；猪小肚，就是猪肠尿尿那个小肚，做一个寿仙头。“五生”用的材料不变，都是这些，形象可能有变，但变得不多，鼻子、眼睛都看得出来。

五熟，就是五种水果，可以生吃的，当时的季节生产什么水果就是什么了，如香蕉、菠萝，反正这个季节，你能拿到手的就行。也没什么讲究，就是五种水果，但水果一定要熟了的。

5. 一些较深的学术性内容，不是传承人能够回答的，因此过于理论性的学术研究内容，如艺术形式的分类等，不宜加进文本中并通过传承人讲出来；但是一些专业性的内容，需要访谈者进行补充，因为这些是基于口述事实基础上的学术补充，可以增加访谈录的学术分量，从而避免就事论事。

课本、通俗读物里已有的一般的常识性问题，可以不出现在访谈录的正文中；一些必须要讲的内容，可以用注释的方式写出。因此，访谈录的注释并非只是对名词、地名、事件的解释，而是具有了相当的学术含量，如汤明哲访谈录中对“山歌汤”“汤腔”详细和专业的阐述，苏少琴访谈录中大量的学术性注释，梁广桓访谈录中对中国的飘色历史及内容的注释，钟金平访谈录中对相关历史的注释，吴金喜访谈录中对沙田民歌的解读。

再如对汤明哲访谈时，我对一些学术性的研究问题，进行了思考并设置预案，但并未进行访谈，因为这些问题虽然很重要，但是传承人是回答不了的[①]。比如，与客家方言歌词相关的：客家话的词汇标准和语音标准是什么，客家话歌词的特征词有哪些，客家话的语法特点，客家话的语音类型等；与用客家方言演唱相关的：客家话的语音发声位置与客家山歌音调的关系，梅州客家山歌的滑音演唱的速度和幅度变化，前后倚音的运用规律以及它们与滑（甩）音的关系，客家山歌的音色问题，传承人唱的客家山歌与原板客家山歌的区别（以前人记录的乐谱或他人唱的客家山歌为参照物，或是一种假设的“原有”的）等；与客家山歌音乐形态相关的：为什么梅州客家山歌多为羽调式，梅州客家山歌的曲调旋法有哪些特点，为什么客家山歌只有几个音且较少大跳等。

按照上述原则，综合起来看，访谈录需要访谈者在采访时就做好了充分的写作伏笔，访谈录离不开作者亲身深度参加口述史的访谈工作，作者应该是有着非遗定位的研究者：

①通晓非遗方面的有关政策文件、法规等；

②是本领域的专家，有一项或某几项业务专长；

③有关于非遗的学术论文、学术著作，对非遗热爱并具有事业心。

①有些问题做了必要的注释。

二、必须问及的各种基本情况

访谈者在对传承人进行访谈前，要对传承人有先期了解，如其生平、个人特点、传承经历等，以便在访谈时，当觉察到传承人讲的与自己原来所掌握的情况不一样时，可以随时进行追问和订正。

如出生日期，要问清楚是阳历（公历），还是阴历（农历）。这些不仅是一个学习过程，也是追根寻源的一次历史回忆。

1. 家庭情况，包括上辈的家庭、自己的家庭、旁系的情况。

访谈录：

苏少琴：我是1941年农历二月初四出生，生在汕尾方荣乡地域的海上，就是现在新港这个地方，9岁之前，我们一直在海上生活，靠捕鱼为生。海上生活很艰苦，那个海让人感到非常害怕，那时船是没有栏杆的，行驶时倾斜得很厉害，我都被吓哭了，我很小就跟爸爸出海打鱼。

…………

我们姐妹共10人，我最大，有7个弟弟和2个妹妹。爸爸叫苏水新，妈妈叫徐月春。我有6个孩子，16个孙子和6个曾孙子，整个大家庭有40多人呢。

9岁以前我们在海上生活，有两条船，一条出海打鱼，一条住人。住人的船是自己的，捕鱼的船是租的老板（渔霸）的，这就是以前疍民的生活状况。

钟金平：1945年1月7日我出生在淇澳的一个普通家庭，是地地道道的淇澳人，今年已76岁了。我们家有5个男孩，我是老三。爸爸钟丽华，在村里干一些村务事，大伯钟品华，也在村里帮忙，什么都做，我就生长在这样一个家庭。

2. 读书（上学）的情况，包括详细的学习日期，小学、中学、进修、培训等情况，文化学习和专业学习（所传承的项目）情况，以判断传承人的文化程度。

访谈录：

钟金平：（我）1953年上小学，就是在淇澳岛上的淇澳小学，小学毕业前一直在岛上。中学是在唐家中学，在岛外，1959年上初中时，刚好是我们的农业缺水、干旱，年岁不过关，吃不饱的时候。我只念到初二，就跑出来打工了。本来我是喜欢上学的，但是那个年代，农业歉收，吃不饱，我们在学校住宿，条件又很艰苦，我想，做人怎么那么苦命，就辍学了。

苏少琴：1950—1953年，我就读于新港小学，实际上我只读了一年半，后来妈妈不肯让我继续读书，因为弟弟妹妹太多，我要帮妈妈做家务，书不能读了。但我的弟弟妹妹们都上学了，他们读书后，我就唱“天顶一块云，头翘尾翘是龙头”这首歌。我辍学后，家里生活来源主要靠爸爸妈妈，有时妈妈也出海捕鱼。我和最小的弟弟相差30多岁，因此我就承担起家里父母的职责了。

梁广桓：1942年农历一月我生于斗门乾务镇乾东村，6岁开始在乾务中心小学念书，开始读书的时候还是民国时期。1950年父亲去世就中断了，1951年才重新上学，是衔接当年级的下学期，之后就一直按部就班上学，直到读完五年级。

吴金喜：我是1944年农历十一月十五出生于珠海南屏，初中学历。小学是在南沙湾读的，读到五年级时，就转去中山的坦洲沙心就读。去沙心村要乘坐渡船，当时我与一位女同学一起去上学，总有一些闲人取笑我们，所以后来我就转学到造贝，在六年级时又到南屏小学继续就读。

汤明哲：我是在中学读书时开始接触客家山歌的。当时看了华南文工团表演的客家山歌对唱……我觉得这两首山歌很风趣，调子也好听。我是从小就爱好音乐的，但唱的不是山歌，从那以后，我开始对山歌有了兴趣。

…………

我开始学习山歌是拜松口的“山歌王”饶金星为师，还拜了梁带英为师。学习松口山歌时，向梁带英学习她的腔板，因为松口镇一个地方的唱腔就有好几种；向饶金星学习他的歌才，也就是他山歌里面的双关语、比喻句等。我向他们学习曲调、唱词时，与他们很有感情，我很敬重他们。

后来我又向文化馆的陈炳华学习，陈炳华是演奏二胡的，自弹自唱非常好，我们两人经常结伴去演出，他拉二胡，我弹秦琴，很受欢迎。在我学习客家山歌的道路中，还曾向曾宪眉和黄莺谷学习……

同时，我也向书本学习，我经常看有关客家文化、山歌知识方面的书……

…………

我还与周天和等人经常互相切磋。

3. 工作情况。年代、时间、地点、内容、前后的时序，要力求准确，如果前后有讲的不一致的地方，要多次询问，并在相关资料中查询补充，力求准确和真实。

访谈录：

陈社金：我于1958—1963年就读于珠海市香洲区南屏镇广昌村的一所公办小学——广昌小学；1964—1966年，就读于南屏中学；毕业后的第二年1967年到1974年，任教于广昌小学；1975—1980年，在广昌社区做电影放映员；1981—2004年，工作于南屏文化站；2005—2011年，在南屏广播电视站工作。我工作了40多年，但伴随我的，也最让我醉心的还是唱沙田民歌。

在工作期间，我经常在学校、圆明新园演唱和传播沙田民歌；给民歌队、学生辅导学唱沙田民歌；带着沙田民歌的节目下乡演出。就在前不久，还应珠海博物馆邀请，录制了大罾歌《钓鱼仔》的视频在博物馆展播。

汤明哲：在我中学快毕业时，去了兴宁市的艺术学校学习并在那里的剧团做演员，在那里我得到了音乐基础的熏陶，学习了弹奏脚踏风琴；后来考入当时位于广州东山竹丝岗的华南文工团，是入伍，工作了三个月；在那里，电影导演史进教我们学习演戏的基本知识，在演的戏里面有一些山歌内容。后来，因为不习惯广府话，我就回梅州了，在兴梅文工团工作，团址在隆坪。在兴梅文工团时还参加了土地改革。

…………

……我第一次登台演出是在1952年土地改革的时候，那时我还在兴梅文工团工作。从我第一次登台到现在已经60多年了，后来我不仅演唱还改编创作了许多新作品，如《梅州是个好地方》《夸老公，夸老婆》等。

4．相关历史、人物、时间、地名等。这些要问清楚。一些历史上的内容，特别在时间上，应通过询问与查阅资料等相结合的方式搞清楚。

访谈录：

梁广桓：我们乾务人梁国栋从江西带回了三条色棍，这三条色棍分属于三个村子。1948年，我6岁时，看过飘色，村里人做，我就在旁边看。记得1952年和1955年，我看过两次印象比较深的飘色表演，好像他们后来还去过澳门演出。这些印象使自己慢慢有些感觉。1958年以后这项活动就停止了。1958年到2005年，我一直在画画，直到2005年才开始搞飘色。

2004年时，乾东飘色的那条色棍不见了，说是被别人拿去做钢筋用了，只剩下乾西、乾北两条色棍了。

钟金平：巡游活动，是后来在抗英战争胜利30周年时提出的，也是由于珠三角手工业兴旺发达。我们淇澳岛以前有个叫钟宝的老乡，是开餐饮的，受皇帝所托组织收复台湾，取得了巨大胜利。台湾那里，很精明地搞了个海岸线，搞得比较牢固，我们没办法上去。后来淇澳人钟宝，就利用晚上退潮，台湾守军呼呼大睡时，通过泥板、滑板等办法偷偷登陆，俘虏了守军，全歼了他们。

事后，皇帝表扬了钟宝等一批人，同时把中山民众镇附近的一大片土地划分给淇澳岛，供淇澳岛开发、利用、出租，为淇澳岛的经济做补偿，同时，给了好几门大炮，作为维护淇澳的政权之用。

正是有了这种种机缘，所以在1863年抗英胜利30周年时，搞了一个巡游活动。淇澳岛人用皇帝拨来的土地进行开发的收入和其他村的经济收入，组织了淇澳岛抗英胜利30周年端午大巡游……

…………

打醮活动，祖上就有，三年一醮，用竹竿、竹篾扎纸人，纸人有好几丈高，活动要搞六七天，有三四个戏班，24小时不停地唱戏。因为钟宝打台湾立了功，皇帝给我们拨了土地让我们开发，我们就有了固定的资产搞活动。

打醮活动每天24小时，唱戏要唱几天几夜，只要你有精神，就可以踏踏实实地在此看戏，可以一直看到这个剧团演出完。表演时，外面的船也会专门一窝蜂地过来这里看。神台是用竹竿劈成边料做成的一个箩，有两三丈高，还有十八罗汉、一个菩萨，唱完戏，就把神台原地烧掉，实际只用它七天。最重要的是打醮时是要净身的，神台不能搞得乌乌糟糟的。

三、与传承相交的经历

1．从何时开始传承？传承方式是社会、家庭、师徒中的哪种？是群体性的还是个体性的？需要注意的是，传承与传播有所不同。

一般情况下，传承和传播有群体性的，也有个体性的。而进校园这样的，又是传承的，如嘉应学院的汤明哲大师工作室；又是传播的，如苏少琴的进小学教唱渔歌；也有两者兼具的，如陈社金在南屏中学、广昌小学和一个传承基地授课，其中在广昌小学坚持了8年。

这个问题也可以不单独总结，而在其他问题中阐述。

2．教学法，即传承方法，如：是一句句教唱，还是整体识谱教学；是传承基本技艺，还是事物的整体全貌；是只讲韵味、风格、纠正错误，还是兼而有之。

这项内容带有主观性，传承人一般不会集中讲清楚的，也缺少理论的支撑，因此需要文本整理时，增删些内容予以充实。如汤明哲对徒弟的传承。

原口述访谈的文字记录稿：

汤明哲：首先要唱好原生态的各地山歌，特别是梅州各县的山歌，我们梅州各个县的山歌曲调大概有百来种，每个县最有代表性的曲调都要会唱，还有周边地区的如河源山歌、惠州山歌、紫金山歌，以及四川的山歌、江西的兴国山歌，等等。

要掌握原板的，也就是最原始的、原生态的山歌。我的方法是先念歌词，我指的是客家方言的歌词，口音先学，再按谱来唱，而后就装饰音、旋律、感情等方面学习。

访谈录：

汤明哲：……我在传承中首先要求学生要多唱、唱好各地的原生态山歌，这是学唱山歌的积累过程，我学习唱山歌就是这样走过来的。这些山歌包括梅州周边地区的，如河源山歌、惠州山歌、紫金山歌，以及四川的山歌、江西的兴国山歌等；而主要的还是梅州各县的山歌，我们梅州各个县的山歌曲调有百来种，每个县最具代表性的曲调我都要求学生要唱会。

在广博积累和初步掌握了一些原板的，也就是最原始的、原生态山歌的基础上，就开始有系统地学习。我的方法是先念歌词，我指的是客家方言的歌词，口音先学，再按谱来唱，而后就装饰音、旋律、感情等方面学习。这是传承中最重要的三个基本学习步骤，它们是渐进的、是层级关系的。“口音先学”是基础，它是指对客家话的语音要尽量准确地模仿，这种学习可大大减轻用客家方言演唱客家山歌的难度。而后“再按谱来唱”，就是正确按照客家山歌的原板乐谱演唱，这时不加任何风格性的装饰音。最后是风格、特点方面的学习，如注意滑音的特点，甩（拖）腔（音）的幅度以及它们的速度变化，情感表达对装饰音的影响，等等。

3. 一些基本的学术问题，如果本人讲不清楚，访谈者要通过研究、查找相关资料搞清楚，如此，既不突破原材料的内容框架，又增加了学术分量。

例如，汤明哲的“汤腔”的由来和内涵，传承人只强调“以词变音，字正腔圆”、要用当地语言唱，其他的就讲不出来了。我就根据客家山歌的语言问题、当年汤明哲研讨会的相关论文、汤明哲自己编著的一些唱本进行了综合，形成了关于“汤腔”的总结文本。这一总结是建立在汤明哲在口述中反复强调的、我数次亲听汤明哲的演唱、访谈与汤明哲有关人员的结果基本一致的基础上的，这就完成了对“汤腔”的定义，这是对口述研究的结果。

原口述访谈的文字记录稿：

汤明哲：在音乐方面，要“以词变音，字正腔圆，声情并茂，以情带声”。“以词变音”就是说，当没有字幕或者没有什么介绍时，你的客家话的每个字要让每个客家人都听清，我唱歌的时候，就很注意吐字，这是我最大的特点。如“松口是个好地方”一句（边讲边唱），过去按照套路曲调唱时，“口”字在高音上，“松口”是什么词？要说清楚，因此这时“松口”的音要低下来，唱“方”时再扬上去，这就是“以词变音”（即依字行腔，不倒字）。再如“金谷满山人欢笑”的“金谷”字，要注意客家话的语音特点；这一句最后一个字，在音乐处理上要落重一点，跌得很醒。再如“噢嗨……阿老妹哎，有好山歌你都溜呀么溜等呀来哟噢”。这里，每个字都要让人听清楚。

在唱腔上，“以情带声”很重要，就是根据歌词内容，充分把感情带上，用你的声音传达出来，这样才会更加动人。你的音乐就是要把那些装饰音，如前倚音、后倚音唱好，唱山歌的最大特点就是你的装饰音、虚词的演唱，装饰音的演唱不能露得太重，虚词“哦、喂、啊”等都是装饰音性的。

访谈录：

汤明哲：2000年的时候，梅州搞了一个汤明哲创作演唱研讨会，有20多位专家参加了会议。其中陈勋华写了一篇文章，称我的演唱属于一种新的独特的方式，他称之为“汤腔”，这就是“汤腔”的由来。我认为“汤腔”包括了我唱的歌以及演唱方法，还有其他如文学歌词、音乐曲调、表演形式和舞台美术等各方面。总体讲，“汤腔”是综合性的一个体系。

我的“汤腔”，除了演唱本身的方法，最主要的就是对客家方言的演唱表达，这与传承客家山歌有很大关系，因此也是我在传承中十分看重的。

我认为，“汤腔”在文学方面，更注意通俗易懂，多运用双关、比喻这些修辞手段；在歌词方面，也切记要生动、易记，并综合运用起兴、比喻、双关、叠词等手法。

在音乐方面，首先，“汤腔”具有“嗓子内唱”的特点。就是多用真声（类似于胸声）位置作为基础，声音从脑后经过头顶向下至丹田，形成管道，而不会从口腔泄出，从而使声区统一，富有立体感。有些像宋代沈括的《梦溪笔谈》中主张的“内里声”观点。

其次，要“以词变音，字正腔圆”，这是“汤腔”的基本功。“以词变音”就是当没有字幕或者没有什么文字介绍时，你唱的客家话的每个字要让每个客家人都听清，这就要求演唱者要按照山歌的歌词来定音、变音，而不是死套曲调一成不变（反过来是讲，曲调要灵活地适应歌词话语的声调走向）。“字正腔圆”分开讲就是，“字正”是要吐词清晰，唱出客家话的标准音；“腔圆”是指山歌要唱得圆润、婉转、流畅、动听；“字正腔圆”是有机结合的联系，“字正腔不圆”会使演唱显得很僵硬，“腔圆字不正”让人听不懂。掌握标尺是要抓住主旋律不变，“以词变音”与“字正腔圆”是互为依存的。

我唱歌的时候，就很注意吐字，这是我最大的特点，演唱时的咬字、吐字需注意每个字的“头、颈、腹、尾、神”的结合。如“松口是个好地方”一句（边讲边唱），过去按照套路曲调唱时，“口”字在高音上，“松口”是什么词？要说清楚，因此这时“松口”的音要低下来，唱“方”时再扬上去，这就是“以词变音”（即依字行腔，不倒字）。再如“金谷满山人欢笑”的“金谷”，要注意客家话的语音特点；这一句最后一个字，在音乐处理上要落重一点，跌得很醒。再如“噢嗨……阿老妹哎，有好山歌你都溜呀么溜等呀来哟噢”，这里，每个字都要让人听清楚。

再次，要“声情并茂，以情带声”，这实际上就是我们常说的润腔。“以情带声”很重要，就是根据歌词内容，把感情充分代入，用你的极富特点的声音（润腔）传达出来，这样才会更加动人。比如你气息运用得好，可以遮蔽你嗓音条件的不足，如声断气不断，气断情不断，充分运用换气、偷气、补气、取气等技巧。你的音乐就是要把那些装饰音，如前倚音、后倚音唱好，唱山歌的最大特点就是你的装饰音、虚词的演唱，即润腔，装饰音的演唱不能露得太重，虚词“哦、喂、啊”等都是装饰音性的。

我讲的“汤腔”的这些内容，在传承时，是分阶段进行学习的。

再如，“汤腔”中关于客家话的音韵问题，汤明哲仅强调了客家话的6个声调，演唱了若干首民歌以说明山歌中“平平仄平”的声韵。但在他编著的《客家山歌唱响校园》中，已对韵母的四大类、18个常用韵都进行了讲述。据此，我以他的这部著作为依据；同时，为达到准确的表述，我专门去了梅州嘉应学院的语言研究所，对所长进行了访谈，对这一问题进行了解和梳理。汤明哲著作中的与口述访谈不一致的细节处，都以访谈为准。这些内容综合在一起，由汤明哲以口述的方式呈现出来，形成现在访谈录中讲的客家山歌演唱的音韵特点。

原口述访谈的文字记录稿：

汤明哲：在学习中声韵非常重要，要特别注意歌词里面的技巧，如一、二、四句是平声韵，那么第三句就是仄声韵；陈翠萍的“翠”是去声，去声就是仄声，阴平阳平就是平声。客家山歌中的客家话，很多普通话是讲不清楚的，里面还有很多双关语。

访谈录：

汤明哲：在学习中，声韵学习非常重要，我要求学生要特别注意歌词里面的技巧，客家山歌因受唐诗律绝和竹枝词格式的影响，绝大多数是七言四句的章句结构，句式上是四三字，一般是第一、二、四句押韵。如第一、二、四句是平声韵，第三句就是仄声韵；陈翠萍的“翠”是去声，去声就是仄声，阴平阳平就是平声。中原汉语的四声是“平声、上声、去声、入声”，仄声则是指“上声、去声、入声”这三声，以区别“平声”。客家话由于是客家先民从北方迁徙而来时，一路上将中原汉语与迁徙中的当地语言融合，特别是受迁居地的闽、粤语言影响而形成的，从而有了自己独特的、与中原汉语颇有联系的“阴平、阳平、上声、去声、阴入、阳入”六声。同时我告诉学生，客家话的六声调与普通话中四声字调“阴平（高平调）ˉ、阳平（高声调）ˊ、上声ˇ、去声ˋ”的名称和代表意义不是一回事。

中国传统诗歌讲究押韵的特点，客家山歌除了共同点外，其押韵的规律与地方方言特定的语言规律又有着紧密联系，因此，普通话读来押韵的词在客家话中未必就押韵，反之亦然。正像前面讲到的，这样，就应该按照地方方言的语音特点来构成声韵。所以客家山歌中的客家话，很多普通话是讲不清楚的，我要求学生，演唱客家山歌，除非有必要，一般来讲，一定要用客家话。

客家山歌继承了春秋末年成集的《诗经·国风》的“赋、比、兴”的传统，并发展了赋体、比喻、起兴、叠字、双关语等，还出现了歇后语、对偶句、排比句、顶针格等修辞手法，在讲究和韵的前提下，将客家话自然入歌。因而客家山歌里面还有很多双关语，这是需要学生们认真学习的。

这样，对原口述记录做了相当多的补充，并将原来注释的一些内容，作为由汤明哲讲出的正文，这既不超出原来的内容框架，又增加了正文的学术性，由此也就形成了对“汤腔”的完整认知。这是对口述记录进行学术补充的结果。

又如，对苏少琴的访谈，同样遇到了她演唱汕尾渔歌的特点问题，她仅仅强调“我有中气、有声音，唱的调门高，心情投入地唱”等。我就从对其他人的访谈中，从她坚持体育锻炼、身体好，以及多次现场听她的演唱得到的感受中，进行了汇总和梳理，最后用一位熟悉她的作曲家的总结作为对她演唱的总体评价，形成了现在的访谈录。

访谈录：

苏少琴：我没有接受过声乐训练，但年轻时唱歌有中气、有声音，唱的调门比较高，声线和声幅会高一些，我想，这应该就是父母遗传给我的吧……目前，我除了唱歌，还参加了打太极拳、玩功夫扇、耍刀打剑等活动，这些活动很有助于我唱歌时气息的运用。现在甚至还有人说，我现在唱歌比以前还厉害，我想恐怕就是气息从丹田出，气息用对了，而健康的身体保证了足够的气息。有专家曾评价我唱渔歌有3个特点：其一，歌中有渔味；其二，曲中有渔音；其三，浑然一体的演唱。我十分认同，我唱的渔歌就是海洋气息比较浓烈，水味够，渔味浓，也就是唱得比较古朴一点，把我们原汁原味的渔歌保持好。为此，我尤其注意每句的开头、中间、句尾的衬词、装饰音的运用特点，保持有时长、有时短的变化，因为这是我个人风格的重要体现。

四、访谈录的整理与写作

访谈录写作以对话访谈的方式呈现为好。作为学术文本，对采访的第一手资料，只有自己去进行学术总结才最具分量。整个整理、写作的过程，也是一个学习提高的过程。

1. 访谈录的基本写作要求。

（1）在基本忠实地记录传承人访谈的基础上，加强学术性，这也是学术刊物的基本要求。前文已讲，因为传承人一般不可能长篇大论地讲述一个问题，以及学术性地和有逻辑地谈一个问题，尤其现阶段的传承人，一般讲，文化程度都不高。这时，现场的追问十分重要，但不断地追问又会形成逻辑的碎片化，有时传承人所答非所问，并非如我们想象地，能十分完美地完成追问。这就对最后的访谈录的写作提出了较大挑战，为了形成完整的“证据”链，我们的研究一定是整体的，并将相关内容分类剥离归纳，如前面所谈的梁广桓的乾务飘色的历史。

再如，钟金平的淇澳端午巡游中水潮爷爷和蔡二将军的传说，因为这个传说与端午巡游有直接联系，所以应有一个较为准确的交代。

访谈录：

钟金平：……那时没有村庄，水潮爷爷是第一个登岛的客人。据老人家传下来，有天晚上，刮起很大的北风，掀起很高的浪，渔船没有地方抛锚，就都跑到祖庙湾那里去避风了。天亮了，有一尊木制的菩萨让前一天晚上的风浪打到一块圆石头上面，坐在圆石头顶上，好像很体面的样子。那块石头现在还在祖庙的广场门口，圆圆的，对开两三丈远就是海边。这些渔民醒了之后，就想这个菩萨晚上怎么会跑到这里来呢？心里不明白，就跪地拜这个菩萨，在那烧香，跟那菩萨说：“今天晚上我就送你去到急流那里。”第二天他们把菩萨送到那个有急流的地方，对菩萨说：“如果有缘，你今晚再去靠岸，上淇澳岛，如果没缘呢，你到其他地方去方便吧。”第二天晚上，也是那样的狂风，也是那样高的浪，天亮时，结果和昨天一样，这个菩萨也是坐在原来的圆石头上面，坐在那里——一个木制的坐像。村民们就觉得有些神得不可理喻了。后来，有个渔民就在地上跪拜，请菩萨在这里安生，就在这里开村，他搭起草棚，把菩萨安放在里面。这个故事就是水潮爷爷选中淇澳安家乐业建村的故事，他也是第一个登岛的客人。

蔡二将军，是水潮爷爷来了好长一段时间，在他登岛建村以后，搞得有一定规模的时候，从抗英广场那个大水沟里漂进来的。漂来时在水面上，一个蔡姓村民就把他捡回到岛上，但不知这菩萨叫什么名字，不过村民觉得这个菩萨有意义，害怕台风来了又把他吹走，给他安个家吧，可又没有地方安家，怎么办？蔡姓村民就说，是我捡的干脆就放我家吧。这个菩萨是第二个漂来淇澳的，排行老二，又跟随了蔡姓村民，这样就叫蔡二了。蔡二将军是站立像，是个武将，有武功的形象。

（2）要做详细的注释，以说明问题：或将访谈者所做的注释，融入传承人的口述正文中，或将正文附以详尽的注释，有时传承人的一句话就需要很大一段注释。这也是一种研究的方法，注释不怕长，但要真实、具体、准确。

例如，汤明哲的关于什么是客家山歌的山歌号子问题。

原口述访谈的文字记录稿：

汤明哲：客家山歌里面也有一些号子，每个地方基本上都有号子，如大埔的船工号子（边讲边唱）；兴宁的号子是上山干活时，用号子与别人打招呼的（唱《啊哈 二招嫲》）；一般对唱山歌时，都是号子先开头。另一方面，因为号子的声调很高，旧时是用来吓唬山里那些野猪的。

访谈录：

汤明哲：客家山歌里也有一些山歌号子，梅州的每个地方基本上都有号子。但客家山歌中的山歌号子并非指传统意义上的劳动号子，它是一种特定的山歌类型，虽具有相对的独立性，但更多的是作为客家山歌的引子，它们在节奏、节拍、句法、歌词上都很自由，有多重功能，一般是用于打招呼引发唱歌的兴致。

如大埔的船工号子（边讲边唱）《梅河船夫号子》①，是一首撑船号子，是具有独立性的劳动号子，其节奏规整、强调切分音，彰显力量；兴宁的号子是人们上山干活时，与别人打招呼用的②（唱《啊哈 二招嫲》）；一般人们在对唱山歌时，都是用号子先开头。另一方面，客家山歌的山歌号子虽然音域

①旧时，粤东北的梅江、梅潭河等河流上的船只往来，主要依靠人力撑船行水，这种号子便由此而生。

②如兴宁的水口山歌号子《啊哈 二招嫲》、兴宁的罗浮山歌号子《啊哈 骆啄妹》。

较窄，但它的音区较高，也就是声调很高，旧时也用来吓唬山里那些野猪。

再如，梁广桓的关于乾务飘色的制作问题。

访谈录：

梁广桓：单单只算制作这一步，大概一个星期[①]。如果加上构思图纸，得一个多星期，全部做完，我是需要四五个月这么久的：首先我自己设计图纸，然后出图纸，按照图纸购买材料，如粗大的钢筋，再和五金师傅一起研究现成的制作，制作好了产品，还要配上装饰，如色彩的搭配，在配饰时还要挑选小孩进行绑扎，让他们上去试验[②]，最后才完成。

把这些材料都准备好了，第二天巡游，巡游当天给小孩化妆、换衣服，然后把小孩绑扎上去，整个过程大约需要2小时[③]。

2. 访谈录的写作，应是作者亲自参加了非遗的田野工作，即口述史的采访，其意义就在于：确认、立档、研究，这也是非遗保护工作的重要一环。

例如，苏少琴的汕尾渔歌中的水上婚嫁仪式，如不在现场，一些问题是

①制作的物品主要是色柜、色棍。色柜是一个木制长方形大柜，长约180厘米、宽80厘米、高74厘米，两边有两条各400厘米穿过柜身的抬杠；柜面中央留有一个直径约2厘米的方孔，让色棍穿过。柜身有两扇刻有图案的木板门，以便柜子中间存放沙包（用于平衡）和其他东西。色柜本身重200多斤，放进的沙包300多斤，这样，色柜本身就有500多斤重了。在柜身上四面分别雕刻有各样的图案，如龙凤、花草等。现在推行的色柜底部四角装有滑轮，以便推行。此外，有时还会有领路牌、罗伞、护色（木制，T字形，长约3米）、色心的服饰，以及相关辅助表演的道具，如：螃蟹、蛇、扇、塔、鸡、红缨枪、扇面、剑尖、花卉等。

②色心的人物造型，包括“色仔”和“色女”，男的要求眉清目秀，女的要求靓丽有灵气。他们的服装和化妆要符合表演内容的要求，例如《八仙闹东海》（《螃蟹过江》）中的“色仔”“色女”要穿古装服饰、戴头饰，化妆成“八仙”中的两个人物：男的是吕洞宾，手拿佩剑；女的是何仙姑，手拿荷花。

③飘色安装是真中有假，假中藏真，真假两难辨。由于柜面有80厘米宽，装色时只能前后安排，从外形看一个坐着，一个站着（其实都是坐着），一低一高，让人看得挺清楚明白，但内里有乾坤。在整个装色过程中，全由四个人用四支叉子撑住一张大篷布遮住，不让观众看到安装过程。

不会被发现的：新郎应该是不戴大红花的；新娘方（女方）唱婚嫁渔歌时，并不是高兴的。这些问题都是在访谈现场发现并立即解决的。

汕尾渔歌在汕尾渔民婚嫁时的“地位”特别显赫，整个结婚仪式十分“歌化”，但唱什么样的渔歌，包括哪些曲目，它们在仪式中的作用、顺序、谁唱，这些问题苏少琴始终不能完整讲出，总是处于支离破碎的语境中。我就通过对婚嫁仪式演示现场的观察，并对现场的其他有关受访者反复追问，在理论上从汕尾渔歌的分类入手，从结婚仪式的各个程序中梳理，最终将汕尾渔民婚嫁仪式中汕尾渔歌演唱的顺序、背景、曲目、意义，缕出了清晰的脉络。这些虽已远远超出了民歌的音乐范畴，但这种整体性的研究十分有意义，如果不到现场，梳理清楚整个“歌化”的婚嫁仪式内容，或许会遇到更多的问题。

可以想见，苏少琴年轻时对这些内容是十分清楚的，可能是由于访谈时她已80岁高龄，一些细节，尤其在仪式程序的逻辑方面记不清也十分正常，这可以从她的徒弟对婚嫁过程清晰的逻辑回答得到印证。因此，这一问题由苏少琴以口述的方式讲出，既合理又有权威性。对苏少琴的访谈，不仅牵涉汕尾渔歌音乐本身的“语板”问题，也与当地的民俗有相当多的关联，汕尾渔歌访谈录是非遗整体保护的最好诠释。

访谈录：

苏少琴：女人出嫁，要穿黑色的“过头衫”，结婚穿乌衫的风俗是祖上留下的老传统。出嫁4件衣服：里面1件蓝上衣，外面1件黑上衣，1条阔裤（乌裤、过头裤），绑条乌头巾，布头长长地从头上垂下来；不能穿底衫、底裤。这4件衣服就叫“过头衫”，意指头一次，这是祖上留下的风俗传统。“过头”后，新娘要出来敬茶，此时要头插簪，穿红衫、绿裙、裤脚缝红边的乌裤。

婚嫁时，整个过程要唱“娶新娘歌”，基本有7项内容：尚未过门时，新娘先唱“心焦歌”（即俗称的“还功劳”），也可以有帮唱，如新娘的妹妹、嫂子等帮唱，出嫁时新娘本人就不唱歌了；迎亲的船到时，男女双方船唱“对歌”；两船即将靠在一起时，双方各有两位歌手唱“（遮）船歌”（又叫“新娘歌”），这是十分有感染力的歌；新郎娶亲送喜礼时，男方“好命妈”唱开门歌，如《雨伞歌》，也叫《雨圆歌》，这时门打开了，“好命妈”拿把雨伞来遮着唱，接着伴娘唱“捧花歌”，再由男方“好命妈”唱；新娘“过船”前，新娘母亲唱“叮咛歌”；新娘“过船”后，男方亲朋唱“赎嫁妆歌”；当全部嫁妆搬好，船要开走时，双方亲朋唱祝福的歌，新郎也可以唱歌了，可以一路唱到男方家里，如：“新娘娶到俺家来，容貌生好好人才，龙凤相对添贵子，五男二女随身来。”整个婚嫁过程都有渔歌相伴。

再如，钟金平的淇澳端午巡游的仪式内容、巡游队伍、道具展现等，如不在现场记录，很难将基本内容梳理清楚。

访谈录：

钟金平：淇澳村的端午巡游从1863年开始，就成为一个老例儿了，这个文化不是一天一年搞出来的，是经过一百几十年的传承，成了一种村里的文化。

巡游一开始是在祖庙门口，摆上祭品、烤猪、“五生五熟”，以及其他需要的东西；向天祭诰，要烧一些冥钱给逝去的人，也祈求百姓永康。接下来就是巡游。

1. 首先是大铜锣，鸣锣开道……

2. 接下来是圆形的灯笼，成双成对的，一对两个，一个人扛一个在肩上……

3. 第三个是头牌，大的、方的，顶上面有个横杠，横杠两头有飘带，很漂亮，好像放大的锦旗一样，一个人拿一个……

4. 接下来是很长的三角形大旗，它是面一丈多长的很大的长三角形旗，有个旗杆柱子，竖着打开，风吹起时展开成很大的面积，很拉风，大旗上面绣着龙、凤、花草等，四五个人操作一面大旗，其中一个拉旗尾，寓意包容纳财、幸福无量。有四面这样的大旗，一个方阵一面，我们有四个方阵。

5. 下一个叫纨扇，也叫锣伞，每一个大旗方阵有两把锣伞……

6. 接着是中号的头牌，前面那个头牌是大号的，现在这个中号的……

7. 接着是“五生五熟”贡品……

8. 再下面是轿夫抬的两台神轿，是用来抬菩萨的，菩萨放里面……两台轿，两套人马，抬有水潮爷爷、蔡二将军等菩萨神像。如果两台轿能装得下，一台轿装三四个、四五个神像都可以。

9. 下一个是蜈蚣旗，也叫百足旗，是一对（两个），一人拿一个……

…………

10. 重新恢复的巡游，增加了八仙过海塑像一台……

11. 下一个是抗英塑像……

12. 再后面是船夫抬着的两条船……

13. 最后是单彩和双彩。单彩由两个人放在肩膀上抬……双彩是三人抬……双彩后面就是舞龙、舞狮。单彩、双彩可以有好几套，如果举办的经济、社会环境允许，要大搞，我们可以开三个、四个、五个方阵的。

14. 还有些道具，是我们恢复巡游时增加的关于海洋文化的一些民间技艺，包括捉螃蟹、捉鱼、捉虾……在这些道具中，有些是单件的，有些是好几件。

15. 游行队伍最后压尾，是十多面小旗，又叫四季旗，样子像头牌，可说是小型头牌，它是填补空位用的，一般给一些年轻的小孩，让他们担……整个巡游队伍大概绵延200多米，有200多人，很壮观。

16. 今年要增加一个学生的队伍……

这些道具差不多有三四十样，不是一天半月臆想出来的，是前人在生活当中摸索出来的，是积累的成果。

五、对传统音乐传承人的访谈及访谈录写作

1. 边讲边唱的内容，会涉及歌词、曲调、曲名、记谱等一系列问题，应详细询问，特别是曲名和歌谱的一致性方面，因为传统音乐经常会有“一曲多词”“一曲多名”“一词多曲”的问题，最初的原板曲名是尤其重要的。

要对照已掌握的乐谱，如发现有误，要特别注意问清楚，或问传承人，或问他的朋友和其他受访者，因为有些事情有时传承人也并不一定清楚，但学者、朋友、当地人却会比较清楚。

访谈录：

汤明哲：如大埔的船工号子（边讲边唱）《梅河船夫号子》，是一首撑船号子，是具有独立性的劳动号子，其节奏规整、强调切分音，彰显力量；兴宁的号子是人们上山干活时，与别人打招呼用的（唱《啊哈 二招嫲》）……

以我去北京演出的五句板《山村新风》为例，五句板虽属于曲艺，但它与山歌已成为姐妹，没有什么分割……

五句板旧时叫“乞食歌”，现在又叫“竹板歌”。它的表演容量很大，发展空间很宽广。一般的五句板每句都是七个字，但我为了变化曲调，在《山村新风》歌词里也用了五字一句的；根据曲调的发展，不一定全都是七字句。如客家山歌中就有一种叠字山歌（边讲边唱梅城叠字山歌《嫁郎爱嫁劳动郎》），发展到了108个字，完全打破了七言四句的传统形式。

2. 对音乐曲名的订正工作，从一开始口述访谈时就要问清楚，做尽可能详细的专业性的记录，传承教学片、实践片均如此。如不搞清楚，将会在演唱的录音、歌曲名、音乐记谱之间出现偏差，时间越久，越难矫正，为历史留下难以弥补的遗憾。

例如，汤明哲的现场演唱，我将他报的歌名，用曲谱与原板歌名一一进行了校正，才得出了现在的正确结论。

访谈录：

我们的访谈告一段落，采访中，汤明哲老先生边讲边唱，最后完整演唱了12首原板山歌：梅县梅城山歌（原板歌名《梅县公园景色靓》）、梅县松口山歌（原板歌名《送人离别水东西》）、蕉岭长滩山歌（原板歌名《长滩行出公王陂》）、兴宁萝岗山歌（原板歌名《萝岗行下八角亭》）、五华水寨山歌（原板歌名《莫怪阿妹没喙码》）、紫金义容山歌（原板歌名《共产党来恩情长》）、梅江船歌（原板歌名《梅江船夫号子》）、大埔西河山歌（原板歌名《乌乌赤赤还较甜》）、丰顺山歌（原板歌名《山上没树变荒山》）、连平山歌（原板歌名《歌声震得地动摇》）、平远上峋（岃）山歌（原板歌名《唔当自家蒸一缸》），以及江西兴国山歌。用梅县山歌曲调表演了即兴对唱。还表演了他改编创作的客家新山歌《梅州是个好地方》，五句板双人对唱《夸老公，夸老婆》《客家妹子顶呱呱》（均是一人敲击四块板、一人弹秦琴），以及三人演唱的梅县松口山歌《山歌唱出五洲城》。

再如，苏少琴现场演唱《上山放水落下山》《牙砵擂茶响咧咧》时，曲调与原有所记录的曲谱在调式及旋法上完全不一样，我当场找当地学者，经演唱、记谱辨认，才发现前者唱的是原板渔歌《老人意着炒米茶》（属仁心语），现场唱的则是原板渔歌《摇艇歌》的曲调；后者唱的是原板渔歌《来唱松柏佤松栽》（属啊呵呵香语），现场唱的则是原板渔歌《斗歌》的曲调。

演唱《五更叹》时，也并非选用歌簿《岳芝荆》片段，而唱的是《嫂旦伴姑》，选用的是歌簿《英台》的曲调。这完全是两首不同的曲调。

这些问题提示我们，要想写好访谈录，一定要亲自参加口述史的采访工作，认真记录，为访谈录的写作打下基础。

3. 传统音乐口述史的访谈者，应懂音乐，会记谱，能分析音乐，并有关于音乐风格方面的知识储备。因为音乐毕竟是一门较为特殊的学科：认识乐谱，并非就“认知”乐谱了。传统音乐访谈录写作的好坏，与访谈者对音乐曲谱的认知有直接关系。

下面这些问题，都是我在现场一边听一边对照乐谱发现的，渔民讲，这是“一曲多词”“一曲多名”“一词多曲”的问题，因此毫不奇怪。但作为记录者，如果搞错了，将影响记录的真实性。

在记录乐谱方面有个辨识的问题，如调式的不同记法：

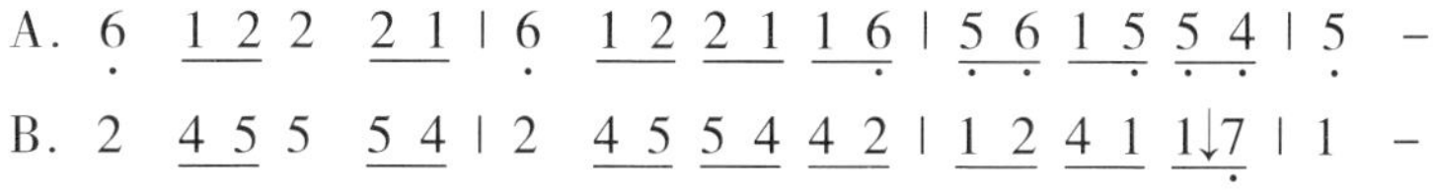

A. 6 1 2 2 2 1 | 6 1 2 2 1 1 6 | 5 6 1 5 5 4 | 5 –

B. 2 4 5 5 5 4 | 2 4 5 5 4 4 2 | 1 2 4 1 1↓7 | 1 –

上面谱例，B曲调实际是A曲调的下属调记谱。

上述记谱方面的问题，在对传统音乐传承人的采访中，时有发生，需要认真对待，因为毕竟中华民族音乐的调式调性，对音乐风格会有较大影响。

六、对学术上的疑问

对一些有争议的学术问题，可以列出来，但不一定有定论。

例如，对汤明哲的演唱，做口述访谈准备时就知道有争议：有人认为汤明哲应该多唱原生态民歌，而不要总唱自己改编的民歌。这也提示了访谈者，在访谈时要提醒传承人，边讲边唱时，要尽量避免用自己改编的民歌。但同时，这又是一个带有普遍性的问题，因此，在汤明哲的访谈录最后，我对这一问题进行了阐述。

访谈录：

他（汤明哲）的改编作品有些是在旧有曲调上做了音调、节奏方面的调整，并填入新歌词；有些有较大的改编创新，如《山村新风》，但也没有脱离开客家山歌的主体结构和主要旋法；所有改编的作品几乎都应和了他的“传承不守旧，创新不离根”的宗旨。但也有人并不认同他的这种传承，认为传承人传承的应该是原生态山歌，不应有自己的东西，至于山歌的发展、山歌的创作、山歌的其他什么，不是传承人的责任。不过汤老先生在采访中

已经回答了这个问题。

2019年7月8日，非物质文化遗产研究学者巴莫曲布嫫在文化和旅游部的国家级非物质文化遗产代表性传承人记录工作培训班上曾特别讲到，联合国教科文组织于2003年10月17日通过的《保护非物质文化遗产公约》，将非遗定义为既是传承的也是不断被创造的活态遗产；因此，当今形式的非遗不会被认为不如历史形式的非遗。……因此，除实践者以外的其他利益攸关方，如国家、专家或职业化人员毋需对实践或传承某一特定项目的正确方式做出判断。并还讲到，中文世界对非遗的表述的不当用词，包括“原生态、原汁原味、原创的 ……”。汤明哲的梅州客家山歌传承，是多唱些“原汁原味”的“原板山歌”还是也唱些按照他的演唱风格有些改变的、有自己特点的山歌，我们各自只能按照联合国文件精神予以领会了。

传承人口述史工作已展开，我们期待这项工作不断总结经验，更为完善。

梅州客家山歌

国家级非遗传承人汤明哲访谈录

开篇文题[①]：汤明哲，男，生于1934年农历十月，公历2022年12月5日病逝，广东省梅州市蕉岭县人。1951年开始创作山歌，1954年加入中国共产党，曾任梅县文化馆副馆长、县广播站副站长、县文化局副局长等职。2002年被中国曲艺家协会授予“特别贡献曲艺家”称号，2004年3月被广东省文化厅授予“广东省优秀民间艺术师”称号，2004年10月被嘉应学院聘为兼职教授，2013年10月被星海音乐学院聘为客家音乐客座教授。2009年6月入选国家级非物质文化遗产项目“梅州客家山歌”代表性传承人，2012年6月被广东省文化厅授予“广东省非物质文化遗产代表性项目优秀传承人”称号，有“梅州山歌大师”之称。

汤明哲从事山歌演唱和研究60余年，他主持山歌擂台赛时，不用台词只唱山歌，他的主持词就是一首首山歌，这一形式曾产生很大影响。由于他有着良好的传统客家山歌[②]的积累，又有着较好的知识储备，因此他在即席唱和时，能对答如流、生动活泼、幽默风趣，在许多山歌“对歌”活动中都有良好的表现。演唱梅州客家山歌时，手持梅花琴弹奏伴唱已成了他演唱的标志

①本文为国家级非物质文化遗产代表性传承人抢救性记录工程项目（项目编号Ⅱ-11，传承人编号03-0814）、华南理工大学中央高校基本科研业务费项目（项目号2014JDPY05）成果。

②客家山歌属中国民歌体裁中的山歌类，自唐代始，已有1000多年历史，用客家方言演唱，故名。它有着《诗经》遗风的“汉族传统歌曲活化石”的天籁之音，情浓且放达。

之一；同时对“五句板”的传承和创新也成为他重要的演唱内容；曾有专家称他的演唱为“汤腔”。

梅州客家山歌是第一批列入广东省非物质文化遗产保护名录的项目，也是第一批列入国家级非物质文化遗产保护名录的项目①。梅州客家山歌用客家话演唱，客家话在广东省是流传较广的一种地方方言，主要分布在粤东北、粤北和粤西北的山区，梅州是讲客家话最广泛的地区，也是广东省第一个国家级文化生态保护试验区。

我们的访谈从汤明哲谈他的客家山歌情结开始②。

一、学习经历

何平（以下简称何）：汤先生，您好，我们知道您是梅州客家山歌国家级非物质文化遗产项目代表性传承人，对广东省，特别是梅州客家山歌的传承做了很多有影响力的工作，您能不能谈谈您的学习经历，您是如何学习客家山歌、如何爱上客家山歌的？

汤明哲（以下简称汤）：我是在中学读书时开始接触客家山歌的。当时看了华南文工团③表演的客家山歌对唱，我现在还记得男歌手唱的是：“你莫嫌我耕田郎，耕田阿哥情更长。唔食烟来唔赌博，家里有商又有量。”女歌手回答唱道：“你莫嫌我耕田嫲，耕田阿妹唔会差。犁耙辘轴样样晓，又会煮饭搭煲茶。”我觉得这两首山歌很风趣，调子也好听。我是从小就爱好音乐

①广东省非物质文化遗产保护名录项目“客家山歌”共有8项，除梅州客家山歌是广东省第一批项目、国家级第一批项目外，尚有广东省第二批的松口客家山歌、石岩客家山歌，广东省第五批的凤岗客家山歌、清溪客家山歌、惠阳皆歌，广东省第七批的翁源客家山歌、河源客家山歌。梅州客家山歌是其中最重要的，也是影响最广泛的一个非遗项目。

②采访时间：2017年7月30—31日。采访地点：梅州市山歌剧团会议室。华南理工大学艺术学院教师吴娟参加了部分文字整理工作。

③全称为中国人民解放军华南文化工作团，1949年组建，20世纪50年代陆续整编改组为广东歌舞团、广东话剧团等。

的，但唱的不是山歌，从那以后，我开始对山歌有了兴趣。

我妈妈是一个农民歌手，从记事时起，我就听妈妈唱些山歌，因为有妈妈的熏陶，实际上我从小就接触到山歌了。妈妈不识字，但她唱过的几首山歌，其中一首我至今还记得：“十八嫁你高思汤，支持丈夫出南洋，赚到银钱要寄转，切莫嫖赌了到光。”这是一首告诫我父亲的山歌，可能也是我知道的第一首山歌，我后来热爱山歌，与家庭的熏陶分不开。

我开始学习山歌是拜松口①的“山歌王”饶金星②为师，还拜了梁带英③为师。学习松口山歌时，向梁带英学习她的腔板，因为松口镇一个地方的唱腔就有好几种；向饶金星学习他的歌才，也就是他山歌里面的双关语、比喻句等。我向他们学习曲调、唱词时，与他们很有感情，我很敬重他们。

后来我又向文化馆的陈炳华④学习，陈炳华是演奏二胡⑤的，自弹自唱非常好，我们两人经常结伴去演出，他拉二胡，我弹秦琴⑥，很受欢迎。在我学习客家山歌的道路中，还曾向曾宪眉⑦和黄莺谷⑧学习。曾宪眉虽然是普通农民，但他的文学底蕴很深，写的作品很不错；黄莺谷是一位诗人，他的山歌在文学方面比较讲究。

同时，我也向书本学习，我经常看有关客家文化、山歌知识方面的书，现在有时到美国看望女儿时，也注意看一看有什么词句可以用于客家山歌的

①松口镇，位于梅州市梅县的东北部。松口客家山歌是广东省第二批非物质文化遗产保护名录项目。

②饶金星（1914—2002），男，原名饶余烈，梅县松口镇人，20世纪50年代著名客家山歌艺人，人称“山歌王”。

③梁带英（1918—1990），女，梅县松口镇人，20世纪50年代著名农民山歌手，人称“山歌带”。

④陈炳华（1923— ），男，笔名品化，广东兴宁人，梅州著名山歌手，曾获“梅州市山歌师”称号，人称“山歌炳”。

⑤这里指的是椰胡，流行于广东、广西一带。琴筒用椰壳制成，以桐木造面板，属于胡琴类拉奏乐器。音色圆润、浑厚，常作为伴奏乐器。

⑥中国传统民间弹拨乐器。汤明哲在演唱山歌时，经常边弹秦琴边唱，这已成为他的一种演唱方式和风格。

⑦曾宪眉（1918—1999），梅县曾龙岌人，客家山歌著名的曲艺作者。

⑧黄莺谷（1944—2017），原名黄炜棠，梅县畲江镇人，曾任梅县山歌剧团的编剧。

创作和演唱。我学习客家山歌最集中的时间，也许是在我1958年被打成右派以后那段时间，从1958年到1973年恢复工作（回到文化馆）这段时间，我在“劳动改造”的间隙，坚持用山歌写日记，唐诗之类的书本不离身，没有丢掉客家山歌，因为唐诗与山歌有很多接近的地方。

在我中学快毕业时①，去了兴宁市的艺术学校②学习并在那里的剧团做演员，在那里我得到了音乐基础的熏陶，学习了弹奏脚踏风琴；后来考入当时位于广州东山竹丝岗的华南文工团，是入伍，工作了三个月；在那里，电影导演史进③教我们学习演戏的基本知识，在演的戏里面有一些山歌内容。后来，因为不习惯广府话，我就回梅州了，在兴梅文工团工作，团址在隆坪。在兴梅文工团时还参加了土地改革。

我还与周天和④等人经常互相切磋，“山歌炳”、曾宪眉都是我的朋友。我学习“对歌”主要是通过实践，记得有次去广州修改作品，我和曾宪眉商量好不讲话，而要把讲话内容全部变成唱山歌，我们唱了一个多小时，从广州郊区一直唱到市里。通过大量的这类实践活动，我掌握了“对歌”的技巧。

我弹的这个琴叫秦琴，秦琴有很多种类，我现在的这把像梅花一样的是梅花琴⑤，用它可以自弹自唱，不再需要别人伴奏，也不用伴奏带，自己就可以伴奏。这是我下乡时，看到有个农民，用牛耙田之后，回家躺在床上，边弹琴边唱，他唱的是五句板⑥《十想旧时苦》，我受到启发，后来也用到五

①当时汤明哲在梅州中学读高中二年级。

②兴宁市，梅州市的下辖县级市。兴宁艺术学校在1987年改为兴宁育才艺术学校。

③史进（1923—2018），电影艺术家，20世纪60年代到珠江电影制片厂工作，有“南国影星”之称。

④周天和（1930—2013），广东兴宁人，梅州市山歌手，兴宁市首届山歌协会会长。人们将汤明哲、周天和、余耀南、陈贤英四位山歌大师誉为“客家山歌的宝贝”。

⑤梅花琴，秦琴的一种，南方汉族民间乐器，也是福建闽派音乐的重要弹拨乐器，又叫双清、福建月琴、八角琴等。

⑥五句板是客家先民从祖居地迁徙来时，将中原地区的五句体古歌融入土著竹板歌中而形成，原是客家地区最富有代表性的曲艺形式，用客家方言说唱，因歌词和音乐以五句为一段，并以竹板敲击伴奏而得名，后用于客家山歌，歌词的第一、二、四、五句押韵，如梅县客家山歌的五句板《劝世歌》。汤明哲在演唱时，是用竹板和秦琴伴奏，有时干脆只用秦琴伴奏。

句板上。用秦琴自弹自唱，是我演唱的特色之一，演唱时既可单独弹奏又可作为伴奏，而且对第一、三人称的转换能起到良好的过渡作用。我第一次登台演出是在1952年土地改革的时候，那时我还在兴梅文工团工作。从我第一次登台到现在已经60多年了，后来我不仅演唱还改编创作了许多新作品，如《梅州是个好地方》《夸老公，夸老婆》等。

二、关于“山歌汤”和客家山歌的传承

何：汤先生，人们给了您“山歌汤”的称谓，什么时候有这个名称的？您认同吗？

汤：这是在我没有被打成右派之前，人们管我师父陈炳华叫“山歌炳”，而我因为唱五句板的原因，他们就叫我“五句汤”，慢慢地，后来“山歌”两个字就搞到我身上了，我就被叫作“山歌汤”了。我们那里的人把自己认为善唱山歌的人都以“山歌”冠之，作为一种亲切的绰号，如饶金星称“山歌王”，梁带英称“山歌带”，陈炳华称“山歌炳”。我的“山歌汤”实际上也是人们对我的一个亲切称呼。自从群众叫我“山歌汤”以后，我出的书、音像等就都用“山歌汤”的名字了，如《山歌汤创作选》[①]等，这里有着一种乡情的亲切感。

何：您的梅州客家山歌传承给了很多学生，产生了广泛影响，您是怎样传承的，传承中最重要的要注意些什么问题？

汤：这个问题我和许多人谈过，从中也学习了不少东西。我在传承中首先要求学生要多唱、唱好各地的原生态山歌，这是学唱山歌的积累过程，我学习唱山歌就是这样走过来的。这些山歌包括梅州周边地区的，如河源山歌、惠州山歌、紫金山歌，以及四川的山歌、江西的兴国山歌等；而主要的

①汤明哲著，花城出版社1987年版。

还是梅州各县的山歌，我们梅州各个县的山歌曲调有百来种[①]，每个县最具代表性的曲调我都要求学生要唱会。

在广博积累和初步掌握了一些原板的，也就是最原始的、原生态山歌的基础上，就开始有系统地学习。我的方法是先念歌词，我指的是客家方言的歌词，口音先学，再按谱来唱，而后就装饰音、旋律、感情等方面学习。这是传承中最重要的三个基本学习步骤，它们是渐进的、是层级关系的。“口音先学”是基础，它是指对客家话的语音要尽量准确地模仿，这种学习可大大减轻用客家方言演唱客家山歌的难度。而后“再按谱来唱”，就是正确按照客家山歌的原板乐谱演唱，这时不加任何风格性的装饰音。最后是风格、特点方面的学习，如注意滑音的特点，甩（拖）腔（音）的幅度以及它们的速度变化，情感表达对装饰音的影响，等等。

在学习中，声韵学习非常重要，我要求学生要特别注意歌词里面的技巧，客家山歌因受唐诗律绝和竹枝词格式的影响，绝大多数是七言四句的章句结构，句式上是四三字，一般是第一、二、四句押韵。如第一、二、四句是平声韵，第三句就是仄声韵；陈翠萍的“翠”是去声，去声就是仄声，阴平阳平就是平声。中原汉语的四声是“平声、上声、去声、入声”，仄声则是指“上声、去声、入声”这三声，以区别“平声”。客家话由于是客家先民从北方迁徙而来时，一路上将中原汉语与迁徙中的当地语言融合，特别是受迁居地的闽、粤语言影响而形成的，从而有了自己独特的、与中原汉语颇有联系的“阴平、阳平、上声、去声、阴入、阳入”六声[②]。同时我告诉学生，客家话的六声调与普通话中四声字调“阴平（高平调）ˉ、阳平（高声调）ˊ、上声ˇ、去声ˋ”的名称和代表意义不是一回事。

中国传统诗歌讲究押韵的特点，客家山歌除了共同点外，其押韵的规律

①据现在梅州市文化馆统计，已有将近300首曲调。

②所以汤明哲讲到了“阴平、阳平就是平声”。例如，阴平例字：花舟；阳平例字：华南；上声例字：比米；去声例字：布豆，阴入例字：八曲；阳入例字：获绿。客家山歌声韵如“门前种有一株梅，手攀梅树等郎来，十朵梅花开九朵，还有一朵等郎来”，第一、二、四句是平声韵，第三句是仄声韵。

与地方方言特定的语言规律又有着紧密联系，因此，普通话读来押韵的词在客家话中未必就押韵，反之亦然。正像前面讲到的，这样，就应该按照地方方言的语音特点来构成声韵。所以客家山歌中的客家话，很多普通话是讲不清楚的[①]，我要求学生，演唱客家山歌，除非有必要，一般来讲，一定要用客家话。

客家山歌继承了春秋末年成集的《诗经·国风》的“赋、比、兴”的传统，并发展了赋体、比喻、起兴、叠字、双关语等，还出现了歇后语、对偶句、排比句、顶针格等修辞手法，在讲究和韵的前提下，将客家话自然入歌。因而客家山歌里面还有很多双关语，这是需要学生们认真学习的。

三、关于“汤腔”

何：在韵味独特的客家山歌中，您的“汤腔”又有着独特的个性，您能讲一下“汤腔”的主要内容，介绍一下“汤腔”的风格特点吗？这些，实际与您对客家山歌的传承有很大关系。

汤：2000年的时候，梅州搞了一个汤明哲创作演唱研讨会，有20多位专家参加了会议[②]。其中陈勋华[③]写了一篇文章，称我的演唱属于一种新的独特的方式，他称之为“汤腔”，这就是“汤腔”的由来。我认为“汤腔”包括了我唱的歌以及演唱方法，还有其他如文学歌词、音乐曲调、表演形式和舞台美术等各方面。总体讲，“汤腔”是综合性的一个体系。

我的“汤腔”，除了演唱本身的方法，最主要的就是对客家方言的演唱表达，这与传承客家山歌有很大关系，因此也是我在传承中十分看重的。

①上述就是汤明哲讲到的对客家话“很多普通话是讲不清楚的”的理由，客家方言的语音、词汇、语法特点，以及与周边方言的关系，是一个较为复杂的语言学内容。

②是指2000年4月8日梅州市文化局、文联举行的“山歌大师汤明哲从艺五十周年创作演唱研讨会”，当时省市领导、专家学者、文艺界人士近百人出席了会议。会议收到20多篇论文，会后编辑出版了《汤明哲创作演唱艺术》一书。

③陈勋华，广东梅州人，原梅州市音乐家协会主席，1981年毕业于广州音专（星海音乐学院前身）作曲系。

我认为，“汤腔”在文学方面，更注意了通俗易懂，多运用双关、比喻这些修辞手段；在歌词方面，也切记了要生动、易记，并综合运用起兴、比喻、双关、叠词等手法①。

在音乐方面，首先，“汤腔”具有“嗓子内唱”的特点。就是多用真声（类似于胸声）位置作为基础，声音从脑后经过头顶向下至丹田，形成管道，而不会从口腔泄出，从而使声区统一，富有立体感，有些像宋代沈括的《梦溪笔谈》中主张的“内里声”观点。

其次，要“以词变音，字正腔圆”②，这是“汤腔”的基本功。“以词变音”就是当没有字幕或者没有什么文字介绍时，你唱的客家话的每个字要让每个客家人都听清，这就要求演唱者要按照山歌的歌词来定音、变音，而不是死套曲调一成不变（反过来是讲，曲调要灵活地适应歌词话语的声调走向）。“字正腔圆”分开讲就是，“字正”是要吐词清晰，唱出客家话的标准音；“腔圆”是指山歌要唱得圆润、婉转、流畅、动听；“字正腔圆”是有机结合的联系，“字正腔不圆”会使演唱显得很僵硬，“腔圆字不正”让人听不懂。掌握标尺是要抓住主旋律不变，“以词变音”与“字正腔圆”是互为依存的。

我唱歌的时候，就很注意吐字，这是我最大的特点，演唱时的咬字、吐字需注意每个字的“头、颈、腹、尾、神”的结合。如“松口是个好地方”一句（边讲边唱），过去按照套路曲调唱时，“口”字在高音上，“松口”是什么词？要说清楚，因此这时“松口”的音要低下来，唱“方”时再扬上去，这就是“以词变音”（即依字行腔，不倒字）。再如“金谷满山人欢笑”的“金谷”，要注意客家话的语音特点；这一句最后一个字，在音乐处理上要落重一点，跌得很醒。再如“噢嗨……阿老妹哎，有好山歌你都溜呀么溜等

①起兴：很多以景引情，情景交融，营造出氛围起唱。比喻：这种手法在客家山歌中被广泛运用，常常借景言情，以物寓人。双关：言在此而意在彼，说及此实则蕴含着弦外之音，有时常常运用谐音来表达彼意。叠词：以叠字的方式来加强谐谑的手法，客家山歌中常见。客家山歌中还有赋体、歇后语等手法。所有这些使得客家山歌的语言非常丰富。

②汤明哲在这里以“松口是个好地方”和“金谷满山人欢笑”为例。

呀来哟噢”[①]，这里，每个字都要让人听清楚。

再次，要“声情并茂，以情带声”，这实际上就是我们常说的润腔。“以情带声”很重要，就是根据歌词内容，把感情充分代入，用你的极富特点的声音（润腔）传达出来，这样才会更加动人。比如你气息运用得好，可以遮蔽你嗓音条件的不足，如声断气不断，气断情不断，充分运用换气、偷气、补气、取气等技巧。你的音乐就是要把那些装饰音，如前倚音、后倚音唱好，唱山歌的最大特点就是你的装饰音、虚词的演唱，即润腔[②]，装饰音的演唱不能露得太重，虚词“哦、喂、啊”等都是装饰音性的。

我讲的“汤腔”的这些内容，在传承时，是分阶段进行学习的。

何：您的“以词变音、以情带声”主要是依据客家话的音韵吗？有哪些特点？

汤：是要根据客家话的音韵走，所以客家山歌如果用普通话唱，就不是那个意思了。如“噢……嗨……”（边讲边唱），在结尾要轻轻地唱出mi re mi。“噢……嗨……（轻轻地唱）咿溜阿老妹哎，有好山歌啊，你都溜哇”，“哇、噢、哎”的演唱都有研究，“溜哇溜等呀来哟……”就用这些虚词，如果这一句的“来哟”用“哎”来代替，就不好听了。这些与客家方言有直接关系，是有讲究的。

还有一首“以词变音、以情带声”的例子（边讲边唱）：“白白嫩嫩我唔贪（噢），乌乌赤赤我唔嫌（噢）。老妹好比当稔样哎，乌乌赤赤哎哦嘿……还较啊甜（噢）。”[③]我唱的时候你们听到了，我加进了“哎哦嘿”，因为加进了这些装饰性衬词，曲调就有点变化[④]。你要把你的声音传达给听众，就要唱出感情来，就像这一句需要加一些衬词，“以情带声”当然会影响到曲调，会有一些音调上的变化。

①唱的是梅县松口山歌号子《有好山歌溜等来》。

②润腔的特点是通过山歌特有的各种装饰音，特别是各种滑音的幅度和速度表现出来的。

③这是一首梅州大埔的西河山歌《乌乌赤赤还较甜》。

④第四乐句做了内部扩充。

客家话的词汇是非常丰富的，除了6个声调，韵母又分为开尾韵、鼻尾韵、塞尾韵、声化韵等4大类，这些又可分为江阳、东冬、天仙、关山等18个常用韵，这在我编著的《客家山歌唱响校园》中都有详细的介绍[①]。这些音韵规律，在传承中，是学生特别要注意学习的。这些音韵也正是“以词变音”的依据。

“以情带声”的另一方面是在表情上，我喜欢唱比较风趣、诙谐的那种歌，如果优美动听，你的声音唱出来会很热烈，很好听，如《客家妹子顶呱呱》，唱这首歌，我不仅在文学、音乐上下功夫，也在表演上下功夫。客家山歌的音比较直，我唱的时候就要用一些“颤”（边讲边唱），强调我的风格特点，如“噢嗨……”是很直的，收尾的时候要怎样处理呢？这些，我都有些研究：主要体现在两音之间的小滑音和颤音，歌曲结束时的尾滑音和颤音上要富于变化[②]。再如赞颂劳动方面的兴宁萝岗山歌《懒嫲难嫁好老公》：“今个世界唔相同，劳动生产占光荣，懒古讨矛老婆到，懒嫲难嫁好老公。”这里也有个收尾的“颤”和下滑小尾音的要求[③]。这些特点，我都会在传承时要求学生学习，并努力掌握。

何：梅州客家山歌结束音sol、la、re哪个更多些？

汤：梅州客家山歌大多数是羽调式（la），丰顺[④]那边徵调式（sol）的较

---

①采访结束不久，2017年8月新世纪出版社出版了汤明哲编著的《客家山歌唱响校园》一书，这是汤老先生最新出版的一本有关客家山歌的著述，内容涉及客家山歌的方方面面。其中，有些史料与汤明哲的口述有出入，凡此，本文均以汤明哲的口述为准。

②汤明哲在梅州嘉应学院讲授客家山歌时，撰写有课程教材，其中包括“客家山歌唱腔概述”“写山歌的基本知识”“编写山歌的基本手法”“山歌常用韵（平声）”“客家歇后语和它的表现手法”“演唱客家山歌的要领——如何唱好客家山歌”，并附有以“汤腔”冠之的23首客家山歌。

③笔者多次观察，汤明哲演唱时的润腔与乐谱上记录的原板山歌是有差别的，他会根据当时的演出状况，时有变化，时有添加，添加时有时快、有时慢。这是需要反复琢磨并有一定的即兴演唱的积累才能做到的。

④丰顺县是梅州市的下辖县。

多，商调式（re）的在梅州非常少[①]。

何：什么是客家山歌的山歌号子？

汤：客家山歌里也有一些山歌号子，梅州的每个地方基本上都有号子。但客家山歌中的山歌号子并非指传统意义上的劳动号子，它是一种特定的山歌类型，虽具有相对的独立性，但更多的是作为客家山歌的引子，它们在节奏、节拍、句法、歌词上都很自由，有多重功能，一般是用于打招呼以引发唱歌的兴致。

如大埔的船工号子（边讲边唱）《梅河船夫号子》[②]，是一首撑船号子，是具有独立性的劳动号子，其节奏规整、强调切分音，彰显力量；兴宁的号子是人们上山干活时，与别人打招呼用的[③]（唱《啊哈 二招嫲》）；一般人们在对唱山歌时，都是用号子先开头[④]。另一方面，客家山歌的山歌号子虽然音域较窄，但它的音区较高，也就是声调很高，旧时也用来吓唬山里那些野猪[⑤]。

四、关于改编

何：您作为国家级传承人，改编了很多新客家山歌，您能谈谈您是怎样改编客家山歌的吗？

①研究表明，梅州客家山歌的调式主要是羽调式，其次是徵调式，商、宫、角调式比较少见。羽调式遍布整个粤东北地区；徵调式多见于丰顺、大埔一带，如丰顺的八乡山歌、汤坑山歌；商调式在丰顺的潘田山歌中可见到。

②旧时，粤东北的梅江、梅潭河等河流上的船只往来，主要依靠人力撑船行水，这种号子便由此而生。

③如兴宁的水口山歌号子《啊哈 二招嫲》、兴宁的罗浮山歌号子《啊哈 骆啄妹》。

④如五华的长布山歌号子《阿哥 你过来》、大埔的坪上山歌号子《老妹 你过来》、大埔的高陂山歌号子《咁久 没见去哪里》、大埔的光德山歌号子《溜啄哎》，都明显具有山歌引子的意义。

⑤客家山歌号子，一般音区都在小字二组的c2到a2之间，有的甚至更高。

汤：以我去北京演出的五句板《山村新风》[①]为例，五句板虽属于曲艺，但它与山歌已成为姐妹，没有什么分割。这首五句板原来是这样的（边讲边唱）：“单车的铃声响进村，山村到处是新闻，男叫新光女山秀，山村角落传新闻。”这样就平了，基本音只有4个 la do re mi，音调都是 mi mi la re。我把它发展改编成这样：“单车的铃声啊（铃铃啷啷）响进村，一对新人结新婚，男叫新光女山秀喂。”“女山秀”用了mi sol la sol mi，用上了sol音。“男人嫁到女家门，山村角落传新闻，哎……”这里用头腔[②]，接着唱“哎……山村角落传新闻”。作品很欢快。我把骑单车的铃声也加进歌曲里了，第一乐句就有了内部扩充。五句板有五个句子，我的第四句强调了大调的do音[③]。

五句板旧时叫“乞食歌”，现在又叫“竹板歌”。它的表演容量很大，发展空间很宽广。一般的五句板每句都是七个字，但我为了变化曲调，在《山村新风》歌词里也用了五字一句的；根据曲调的发展，不一定全都是七字句。如客家山歌中就有一种叠字山歌[④]（边讲边唱梅城叠字山歌《嫁郎爱嫁劳动郎》），发展到了108个字，完全打破了七言四句的传统形式。

传统的五句板落音是这样的（边讲边唱），第一句落在re音上，第一句

①这是一首汤明哲、曾宪眉作词，汤明哲作曲的五句板男女说唱作品，说唱风格浓郁，作品比较长。该作品是1976年汤明哲代表广东去北京参加全国曲艺调演时表演的作品。

②这里提到的头腔，实际就是前面讲的“嗓子内唱”的共鸣问题。

③客家山歌五句板是一种五句体结构的乐段歌曲，有两种基本结构类型：一种是五句歌词，音乐结构由四句乐段扩展为五句乐段，歌词不能省略；一种是四句歌词，重复其中一句歌词形成五句乐段，如郧石山歌《万紫千红好山河》，韶关曲江的客家小曲《牡丹调》。目前所指的梅州客家山歌五句板，大多是前一种结构类型。这里，汤明哲创作的《山村新风》，在第三句、第四句的旋法和乐句落音上，相对于传统五句板变化较大，不过在第四句上仍保留了强调调式三度音的传统。

④叠字山歌又叫叠板山歌，是用叠字的方法将简单的短句发展成为较长的叠字句，用以加强谐谑性的一种客家山歌类型。在一首山歌中，至少有一个乐句要重复相同的字或句子，重复多少没有固定，因此结构常常扩大，是散板式的、较为自由，并常常和对偶句、排比句，以及烘托等修辞手法同时出现。例如，有明确段落结构的四句体的《斜风斜雨落斜河》：“斜风斜雨就落斜河，斜竹斜篾就织斜箩，斜针斜线就安斜纽，斜妹斜眼就割斜哥。”类似说话似的、较长结构的梅县的梅城叠字山歌《嫁郎爱嫁劳动郎》。

“竹板一打闹洋洋”，特点是“闹洋洋”，转到鼻音[①]；第二句“五句歌板唱开场啊”落在la音上；第三句“你就唱来我就驳啊”仍落在la音上；第四句“唱出东方红太阳”落在do音上；第五句“唱得人间变天堂”又是la音；从而形成re la la do la的落音结构（这些音是下属音、主音、三度音）[②]。我的发展在最后一句“唱得人间变天堂，变天堂，嘿哟嘿嘿呐”，“嘿哟嘿嘿呐”就是衬词副曲，我把它融进歌曲里面去了。至于五句板的第五句如何、如何创编，要根据歌词内容而定[③]。五句板是没有拖腔的，但我用了“哎”的拖腔，这是我吸收了姊妹艺术的营养，戏曲中就有拖腔。

正像我前面所谈到的，“以词变音，字正腔圆”是要求字要正，但是正又不是很硬。“以词变音，字正腔圆；以情带声，声情并茂”16个字，前两个是一个问题，后两个是一个问题，这就是我的“汤腔”的特点，要好唱、听得懂、听得明白，特别是我在悠扬婉转曲调方面的演唱，非常注意这些内容。

梅州客家山歌主要还是单声的旋律，总体讲，它的旋律音域较窄，很多是五度以内，起伏不大，跳进更少，一般常由三到五个音的五声音列组成[④]。梅州客家山歌没有和音性质的二重唱，如果有，都是改编的，如加些三度和弦等。我自己经常去琢磨，去思考创新的事，包括歌词、曲调。懂得唱歌的人，写出的东西就符合你唱出来的，不会唱，只会写词是不行的。

①实际仍是前面讲的“嗓子内唱”的共鸣问题。

②这里所举的例子是改编创新的五句板《党的恩情比水长》，但这首山歌五个乐句的所有落音，都与传统梅州客家山歌、梅县的五句板《劝世歌》的落音相同（谱例见《中国民间歌曲集成》广东卷，中国ISBN中心2005年7月版，第428页）。因此，汤明哲以它为例来说明传统五句板的乐句落音规律。

③五句板的乐段结构，第五句曲调常取自前四句中有代表性的一句作为总结。如对第二句进行变化引用，梅州大埔的客家山歌《正月梅树尽开花》（a b c c′ b′），四川巫山的齐坝腔《想唱歌来想唱歌》（a b c c′ b′），湖北长阳的《五句子歌》（a b c c′ b）就是这种情况。汤明哲2001年8月写有《探索五句板的改革发展方向》一文，对五句板的创编发表了己见。

④梅州客家山歌的纯朴表现在音调高扬且绵长，但不似西北山歌高亢和激越；曲调平稳而流畅，但又少些江南的秀美，多有古风的遗韵。客家山歌彰显了客性特点，保守与古朴，是客土两大族源的交融汇聚之物。

我改编客家山歌主要坚持“传承不守旧，创新不离根”原则，比如五句板创新不要把五句板原来的味道、风味变了[①]。我喜欢学习和思考，喜欢去实践，如果总是老一套，没有去不断学习，没有去经常思考，就会落伍。如即兴表达的歌词和曲调，其实就是长期积累得来的。

访谈后记

我们的访谈告一段落，采访中，汤明哲老先生边讲边唱，最后完整演唱了12首原板山歌：梅县梅城山歌（原板歌名《梅县公园景色靓》）、梅县松口山歌（原板歌名《送人离别水东西》）、蕉岭长滩山歌（原板歌名《长滩行出公王陂》）、兴宁萝岗山歌（原板歌名《萝岗行下八角亭》）、五华水寨山歌（原板歌名《莫怪阿妹没喙码》）、紫金义容山歌（原板歌名《共产党来恩情长》）、梅江船歌（原板歌名《梅江船夫号子》）、大埔西河山歌（原板歌名《乌乌赤赤还较甜》）、丰顺山歌（原板歌名《山上没树变荒山》）、连平山歌（原板歌名《歌声震得地动摇》）、平远上岎山歌（原板歌名《唔当自家蒸一缸》）[②]，以及江西兴国山歌。用梅县山歌曲调表演了即兴对唱[③]。还表演了他改编创作的客家新山歌《梅州是个好地方》，五句板双人对唱《夸老公，夸老婆》《客家妹子顶呱呱》（均是一人敲击四块板、一人弹秦琴），以及三人演唱的梅县松口山歌《山歌唱出五洲城》。

汤明哲演唱的客家原板山歌，多数是在传统曲调上变换了歌词，即抽象性的东西不变，唱词在变化，并按照新词变动了一些音（“以词变音”），加进自己即兴的拖腔、甩腔、颤音、滑音等。他并非按照前人的山歌乐谱记

---

①梅州客家山歌在自己特定的地域，有着自己特定的歌腔，在这个固定的歌腔骨架框架内，山歌手可游刃有余地编织旋律，这种既规范又有即兴发挥余地的空间，可以让山歌手将仅有三五个乐音的素材，通过运用各种装饰音、衬词衬句、滑音拖腔等创造出音乐旋律来。

②原板山歌的原调歌名均见《中国民间歌曲集成》广东卷，中国ISBN中心2005年7月版。

③即兴对唱（即兴对歌）有兜尾唱，有尾驳尾对唱。尾驳尾对唱是后面唱句起韵要受前面唱句起韵的限制，即要以前面唱的第四句韵为后面唱的首句起韵。

录忠实演唱（与乐谱对照分析便可发现），而是在保持原有基本曲调的基础上，融入了自己的风格，通过曲调、节奏、速度等方面的程度不等的变化，完成了自己的“汤腔”润腔，这应和了古人所说的：筐格在曲，色泽在唱。这些，一方面说明了汤明哲的风格，或称“汤腔”个性；一方面也说明民歌在传承中的变异性，一首民歌不同人演唱就会有不同的个性特点。

他的改编作品有些是在旧有曲调上做了音调、节奏方面的调整，并填入新歌词；有些有较大的改编创新，如《山村新风》，但也没有脱离开客家山歌的主体结构和主要旋法；所有改编的作品几乎都应和了他的“传承不守旧，创新不离根”的宗旨。但也有人并不认同他的这种传承，认为传承人传承的应该是原生态山歌，不应有自己的东西，至于山歌的发展、山歌的创作、山歌的其他什么，不是传承人的责任。不过汤老先生在采访中已经回答了这个问题。

2019年7月8日，非物质文化遗产研究学者巴莫曲布嫫在文化和旅游部的国家级非物质文化遗产代表性传承人记录工作培训班上曾特别讲到，联合国教科文组织于2003年10月17日通过的《保护非物质文化遗产公约》，将非遗定义为既是传承的也是不断被创造的活态遗产；因此，当今形式的非遗不会被认为不如历史形式的非遗。……因此，除实践者以外的其他利益攸关方，如国家、专家或职业化人员毋需对实践或传承某一特定项目的正确方式做出判断。并还讲到，中文世界对非遗的表述的不当用词，包括“原生态、原汁原味、原创的……”。汤明哲的梅州客家山歌传承，是多唱些“原汁原味”的“原板山歌”还是也唱些按照他的演唱风格有些改变的、有自己特点的山歌，我们各自只能按照联合国文件精神予以领会了。

鉴于目前国内对客家山歌，尤其是梅州客家山歌的传统歌词、音乐形式已有了不止几百万字的研究成果，所以在采访中我们并未就一些多少带些学术性的问题进行追问（有些我们做了必要的脚注），也没有必要让汤老先生做介绍，因为一来有些问题本来已经成为客家音乐文化书本上的常识性知识，二来更深层的专业学术性问题不是一位客家山歌传承人三两句话就能够回答好的，这些应是学者们研究的课题。

我们的采访涉及汤明哲学习梅州客家山歌的路径，即学习经历，这里的学习经历，是汤老先生较准确的一次回忆，从时序的正确性方面、学习人物的特点方面，以及为什么向这些人学习的缘由方面，都对有误的历史做了订正；涉及汤明哲的“山歌汤”和“汤腔”的由来和内容，汤老先生传承客家山歌的主要方法，以及他演唱的风格特点；涉及汤明哲改编客家山歌的原则；同时也对若干学术问题作了印证。我们期待着，这篇口述访谈录连同访谈的完整录像会对梅州客家山歌的研究有所帮助。

（原载《文化遗产》2020年第2期）

汕尾渔歌

国家级非遗传承人苏少琴访谈录

开篇文题[①]：苏少琴，女，1941年农历二月初四出生在汕尾新港的瓯船水上人家，现住汕尾市渔村东片。儿时住在汕尾渔港水上瓯船，随曾祖母、祖母和母亲学唱渔歌，后随徐十一[②]学习；1956年代表汕尾镇参加汕头地区春节文艺演出获好评；1957年参加惠阳地区文艺汇演获得一等奖；1958年参加汕尾镇业余渔歌队；1959年参加演唱的汕尾渔歌组歌《妇女捕鱼队》，在汕头地区文艺汇演中获得集体一等奖；1960年参加广东省文艺汇演获集体一等奖；其照片刊登在《中国妇女》杂志1960年第18期封面；1993年加入汕尾市音乐家协会；2009年被广东省文联授予“广东省民间文化杰出传承人”称号、被广东省民间文艺家协会授予“广东省民间歌王”称号；2011年入选广东省非物质文化遗产项目“汕尾渔歌”代表性传承人；2018年5月入选国家级非物质文化遗产项目“渔歌（汕尾渔歌）”代表性传承人。

①本文为国家级非物质文化遗产代表性传承人抢救性记录工程项目（项目编号Ⅱ-157，传承人编号05-2173）、珠海市金湾区文化广电旅游体育局“珠海市金湾区建立传统音乐非遗传承基地合作协议”项目（项目编号2019KYHX14015）、教育部人文社科百所研究基地中山大学中国非物质文化遗产研究中心珠海站（珠海科技学院）研究成果。

②徐十一，当地著名的民间渔歌手，苏少琴的表姑。她自幼跟随母亲学唱渔歌，学到大量传统渔歌，20世纪50年代担任汕尾镇业余渔歌队队长，以及华南歌舞团《南方歌舞》影片中“渔民娶亲”的艺术顾问。其声音婉转柔美，悦耳动听。擅唱斗歌、辨歌、情歌、渔灯歌、放水歌等，编唱能力强，曾获“七步一首歌”的赞誉。

汕尾渔歌，是汕尾瓯船渔民[①]所唱的渔歌。渔民居住在船上，语言与陆上人一样讲闽南语，但在服装打扮、生活习俗上截然不同；旧时渔民极少与陆上人往来，在旧社会受尽歧视和欺压，他们即兴编曲，用祖先传下来的调子宣泄心中的积愤和表达对生活的期待，并代代相传。中华人民共和国成立后，随着疍民[②]社会地位的提高和生产条件的改变，渔歌的内容发生了变化，他们歌唱新社会、新生活。汕尾渔歌用闽南方言（福佬话）演唱，目前有专家按照歌唱的场合、目的将其分为五大类：闲歌、诱歌、长篇叙事歌、歌簿歌、习俗仪礼歌（婚嫁歌、俗信歌）[③]。渔歌（汕尾渔歌）2014年入选第四批国家级非物质文化遗产代表性项目名录。

苏少琴一生致力于汕尾渔歌的演唱和传承，从小耳濡目染，掌握了父母所唱的渔歌，练就了即兴填词的演唱技巧，并积极传承给下一代，为汕尾渔歌的保护传承发展做出了积极贡献。如今虽年逾古稀，但依然积极参加汕尾渔歌传承基地的建设、汕尾渔歌队的新人培养等工作，是忠诚的汕尾渔歌的传承者和建设者。

我们的访谈从苏少琴的渔歌人生开始[④]。

①粤东地区的渔民分为陆上渔民和海上渔民。陆上渔民（亦称浅海渔民）的船小（3～5人），在近浅海作业，出海当天往返。海上渔民又分为拖船渔民（亦称深海渔民）和“瓯船”渔民（亦称中海渔民）：拖船渔民的船大（人多），在深海作业，因此出海时间长，少则半个月，多则一个月；“瓯船”渔民的船比拖船渔民的船小、比浅海渔民的船大，出海多为壮劳力，家眷则住在游居于浅海中的小船屋里，旧时有“浮水乡”之称，中海作业，出海5～7天，最多半个月。汕尾渔港这三种渔民都有：讲粤方言的深海渔民，讲海丰方言的半耕半渔的浅海渔民，讲海丰方言的水居的瓯船渔民。“瓯船”是汕尾方言，有的又称“鮜船”。

②“疍民”亦称“疍户”“疍家”，主要是分布在广东、广西和福建东南沿海一带的水上居民。一般在江海沿岸聚居，在岸上没有土地，生活习俗的最大特点就是世代以船为家，以渔业或水上运输业为生，形成了一系列独特的生活方式和文化习俗。

③见中共汕尾市城区委宣传部编，罗光钊主编，陈勇铁执行主编的《汕尾渔歌集》，2011年12月出版。

④第一次采访时间：2021年1月28—31日；第二次采访时间：2021年9月10—12日。采访地点：汕尾市城区文化馆汕尾渔歌传承基地、苏少琴在汕尾的家。广州市教育研究院音乐教研员陈锦莹参加了第一次采访。

一、渔歌伴随“我”成长

何平（以下简称何）：苏女士，您好，很高兴您接受我们的采访，请您先介绍下自己的基本情况。

苏少琴（以下简称苏）：我是1941年农历二月初四出生的，生在汕尾方荣乡①地域的海上，就是现在新港这个地方。9岁之前，我们一直在海上生活，靠捕鱼为生。海上生活很艰苦，那个海让人感到非常害怕，那时船是没有栏杆的，行驶时倾斜得很厉害，我都被吓哭了，我很小就跟爸爸出海打鱼。

我三四岁时就听爸爸、妈妈唱渔歌，七八岁就会唱渔歌了，是在奶奶、爸爸、妈妈唱渔歌时，我跟着学的，家庭里唱渔歌对我影响最大的是妈妈。我最早学会的一首渔歌是《渔船出海》：“头帆起，船要开了，爸妈要出海去；二帆撑起来……三帆撑起来……这个船才能行驶，才能出行。”

我们姐妹共10人，我最大，有7个弟弟和2个妹妹。爸爸叫苏水新，妈妈叫徐月春。我有6个孩子，16个孙子和6个曾孙子，整个大家庭有40多人呢。

9岁以前我们在海上生活，有两条船，一条出海打鱼，一条住人。住人的船是自己的，捕鱼的船是租的老板（渔霸）的，这就是以前疍民的生活状况。小时候，弟弟、妹妹出生后，妈妈用渔歌作为催眠曲哄我们睡觉。因为在家里我最大，我要带弟弟妹妹，就要给他们唱歌，妈妈要上岸去做买卖，晚上回来就织网，我也跟着织网，有时到晚上12点甚至凌晨都不能休息。那时有渔霸，我们打的鱼，7斤也换不来1斤米。他们还强迫我们给他们做事，如喊我们的船去载人我们就得马上去，想拿我们的鱼就来拿。渔霸非常恶，我们都很害怕。那些时候，渔霸来，我们也不敢反抗，也不敢唱歌，渔霸一来，能走的船都吓得赶快开走。

①1949年11月海丰全境解放，当时海丰县下设7个区和1个区级镇，下辖44个乡和5个乡级镇，其中汕尾镇下辖香洲乡、芳荣乡。1953年8月，全县划为12个区和1个区级镇，辖135个乡和2个乡级镇，其中汕尾镇下辖新渔、新港。

妈妈小时候住在我外婆家，如有渔霸来了，外婆就把我妈妈的头发弄乱，缠作一团，并去弄些锅灰涂抹在她的脸上，让她穿一些破烂的衣服，缩成一团在角落里，以防止被渔霸拖走。原来唱的一些被渔霸欺负的歌都是真实生活的写照，如徐十一唱的《半夜强抢我仔儿》、苏细花[①]唱的《头家真凶残》，也有些带反抗词的歌，尤其是表达出海辛苦的歌仍让我记忆犹新，如《自细缀父去牵罾》[②]：“自细缀父真艰难，合家大细着船中，醒风落流真惊险，求神拜佛保平安。”这是悲哀的。那时我们是自己管理自己，没有户口。

中华人民共和国成立后，我们一家人都上了岸，开始参加汕尾的一些活动。在岸上，也会听到有人唱歌，但并非岸上的人，而是渔民上岸后，在岸上继续一起唱渔歌，因为我们的渔船在港里是一排排地排列在一起的，船上的渔民基本上都会唱渔歌。只是上岸前，是在一艘艘船上，很少聚集在一起唱；上岸后，开始出现大家一起唱歌的情形。岸上的人，只要不是渔民，一般情况下是不会唱的，只有我们捕鱼的渔民到了岸上才会唱渔歌。现在也有岸上的人唱渔歌了，他们说，我们的渔歌好听，他们在学习，我们也在教。渔家人喜欢唱渔歌，有愁用渔歌解，有喜用渔歌来抒发，唱给自己听，大海也爱听。

上岸前，我们唱的“斗歌”[③]，是船与船间的对歌；上岸后，有一部分没

①苏细花，女，1944年生，广东汕尾人。广东省非物质文化遗产（汕尾渔歌）项目代表性传承人。自幼受到爱唱渔歌的祖母和母亲影响，10岁开始学唱渔歌；后参加汕尾镇业余渔歌队，随徐十一学习，并得到施明新、黄琛的指导。她的嗓音圆润清纯，歌声水味十足，演唱动作生动、准确，表演广受好评。曾多次参加省、市、县的文艺活动，并曾接受中央及多家地方电视台的专访。

②这首歌唱出了旧时渔民捕鱼劳作的艰辛。所用“炎舵语”板，是汕尾瓯船渔歌中最主要和最具感染力的“曲调语”板之一，集叙事、抒情风格于一身，旋律徐缓起伏，弥漫着苍凉与忧伤，有着典型的汕尾瓯船渔歌风格。渔民在表达悲痛、忧伤、愁苦等情感时，大多采用这一“曲调语”板。“炎舵语”有若干种曲调变体，形成一个曲调群。其语板名称来自一首长篇叙事歌《炎舵与初二》，这是汕尾瓯船渔民的“梁祝”。

③“斗歌”是汕尾渔歌中常见的一种对唱形式，在渔歌中占比较大，几乎什么题材都可以拿来“斗”。它不拘束于单一、固定的情景或主题，只要斗歌双方都有兴趣，凡事都可作为斗歌内容，尤以常识、爱情、婚姻主题为多。

有上岸的渔民仍然在海上“斗歌”，但海上的人很少与陆上的人“斗歌”，因为听不到，但我们上了岸的人可以。上岸之后，环境变了、好了，渔歌的内容大多是欢喜的，唱的内容也比较丰富了，因为岸上看到的东西比较多，如高楼、学校，而在海上只能看到船。上岸后，我们唱歌，一般是在中午过后有空闲的时候，如果晚上唱，白天一般就不唱了。在船上生活时，我们唱渔歌，隔壁船上人家有时也会听到，会赞誉道，这家的阿妹会唱歌。

我妈妈比较好命，生了那么多孩子，于是人们就请她做“好命妈”①，比如结婚啊、娶新娘啊，还有一些什么喜事，都请她去唱歌，说这是一种吉祥。有时也请妈妈去做媒，一起唱渔歌。我就跟着去听，有时是整晚上唱。我妈妈唱的渔歌很多，唱好戏、唱娶新娘歌②，等等。因为我是家里最大的孩子，耳濡目染就得到了熏陶。我的弟弟妹妹们就没有这种机会了，那时他们都太小，偶尔弟弟会一同去。我们的活动大都在新港这一带。

何：上岸后你们是怎样生活的？

苏：1950—1953年，我就读于新港小学，实际上我只读了一年半，后来妈妈不肯让我继续读书，因为弟弟妹妹太多，我要帮妈妈做家务，书不能读了。但我的弟弟妹妹们都上学了，他们读书后，我就唱“天顶一块云，头翘尾翘是龙头”这首歌。我辍学后，家里生活来源主要靠爸爸妈妈，有时妈妈也出海捕鱼。我和最小的弟弟相差30多岁，因此我就承担起家里父母的职责了。

上岸最初，我们住在政府提供的渔民住房里，在新港，房子是用搭板临时搭建的草寮③。13岁那年，遇到了台风④，房子被刮倒了，海水都淹没到

①“好命妈”是汕尾瓯船渔民传统婚礼中的一个重要“角色”。儿女婚嫁时，嫁娶双方须各自恭请一位德高望重、最有福分而且善唱的女性长辈担任“好命妈”，她既类似于证婚人，又类似于司仪，主持婚礼的各项事宜。这一婚俗传统一直流传至今。

②娶新娘歌是指汕尾瓯船渔民在传统婚礼中唱的那些渔歌，唱娶新娘歌是婚礼中的一项重要内容。汕尾瓯船渔民结婚，有一整套程序，“歌化”程度很高，歌声始终伴随于结婚的各项程序礼仪之中。

③就是草屋。

④指1953年遭遇的台风，破坏性极大。

了我的脖子，我带着两个弟弟，后来被人救起。台风过后，政府又捐建了住房，我们才搬到汕尾城区。

人民公社化时，我在食堂做过工，也在汕尾公社前进大队[①]的供销社做后勤工作，后来做了前进大队的妇女主任有20多年，那时我做妇女主任的工资是每月24元。后来还在壳灰厂做过一段时间。我们有时会聚在一起唱渔歌，但唱渔歌是没有收入的。

我丈夫和我是同渔村人，他17岁时当了民兵，我喜欢唱渔歌，我们一起去捕鱼，一来二去，我们就认识了。我17岁时，他20出头，我们一起去唱渔歌，他后来逐步从民兵升做书记了。民兵工作当时是很重要的工作，新中国刚成立那些年，渡口要放哨，要提防坏人搞破坏，晚上还要巡逻。我丈夫很支持我唱渔歌，经常接送我去妈宫[②]、鲘门[③]、红海湾[④]、赤石[⑤]、海丰等地方演出，并拿出钱让我们去录音；那时我们三代人：妈妈、我、孩子同去各个公社演出，有时还不能回家过节过年，尤其那年我怀了孩子要去广州录音，他都非常理解和支持。

我的6个孩子，4女2男，最大的是女儿，现在都60多岁了。6个孩子中5个在外地，其中3人在深圳，1人在香港，1人在美国。他们都会唱渔歌，但并不全是我亲自教的。

以前我们是不敢去深海捕鱼的，后来有了大船才敢去。当年我们疍民根本不敢想象在岸上生活，我们的船就是我们的家。

①当年农村人民公社化时是三级体制：公社、大队、生产队，前进大队是中间一级的生产大队。

②妈宫：指马宫街道，位于汕尾市区西侧，西南方向不到40千米处就是香港。

③鲘门：指鲘门镇，广东省深圳市深汕特别合作区辖镇，位于汕尾市西部。

④红海湾：旧称汕尾湾，位于广东省汕尾市沿海一个半封闭的海湾，距深圳100多千米，有“中国观浪第一湾”之称。

⑤赤石：指赤石镇，广东省深圳市深汕特别合作区辖镇，位于汕尾市西北部。赤石镇境内河流分布错综复杂，赤石河是深汕特别合作区境内第一大河系，贯穿赤石全境，干流长36千米，流域面积382平方千米，经小漠镇境内流入红海湾。

二、关于汕尾渔歌的演唱和编创

何：您是怎样学习和演唱渔歌的？

苏：很小的时候，妈妈在纺线时，我就在一旁牵线。我不会牵线，妈妈就教我，一边教一边唱歌，我学会了纺线，也学会了唱歌。妈妈是整段整段唱的，我是一遍一遍听着模仿学会的。我学习渔歌是词曲一起学，一两分钟长的歌曲，一般听三四遍就会了。其实妈妈的歌我学了五成都不到，妈妈的声音很好，唱《渔民娶新娘》可以唱整晚，嗓子也不哑，我也不知道她用了什么技巧。或许是遗传的原因吧，我的嗓子像我妈妈的——嗓门大。

我的另一位老师是徐十一，我从小就跟着徐十一出来唱歌了，她有知识，有才气。徐十一与我们唱的韵味不同，她唱同一个地方有时唱得长一些，有时又短一些，这是根据她当时的心情，唱出的歌也就不同。这一点对我有很大影响，我后来对渔歌中衬词、衬句的运用，就是根据现场的气氛和自己的情绪，游刃有余地进行了拉长或者缩短。

我所掌握的近百首渔歌，有些是听人家唱自己学的，有少量是自己编的。跟妈妈学，听徐十一唱，她们唱歌时，所有歌名我都要问清楚。那时头脑好，听个三四遍就能记住，最早学习的一首渔歌是《纺线歌》。那些出海捕鱼的歌主要是和妈妈学的，妈妈喜欢唱喜庆的歌，家婆[①]喜欢唱情歌，家婆唱歌也很好，她唱歌中气十足。

我们唱的渔歌，是在什么地方干活，就唱什么内容的，所唱内容常常与当时的劳作有关，如织网时就唱织网的歌，做饭、带孩子时会唱不同的歌。生活中我们有一些“渔谚”，就是俗语，如“出海三分命，上岸低头行”；

①指苏好妹，是苏少琴丈夫的母亲。

还有如“早晨”叫“透早”，“晚上”叫“夜哼”等。唱“还功劳”①时，我们用的都是土话，渔歌就是用我们的方言演唱的。

不论心情好与坏，我们都会唱歌，悲哀时，唱一唱人的心情就会好很多：“唱歌唱曲多开心，无歌无曲愁坏人，人生一世无二世，也无二世再少年。”相比下，心情好的时候唱得多。我们一般只是一个人唱，大家会附和，很少一家人一起唱。

出海时，如果有时间，头帆扯起就唱起来：“行船喽、出海喽、多捕点鱼啰”等等，等闲下来就边做事情边唱歌。船上的男人在海上工作时是不唱歌的，但我丈夫把船上的事情做完了，有时会唱歌。一般在海上不会唱“歌簿”②的内容，回到岸上才唱，因为要看歌本嘛。出海也没有什么仪式，人员到齐了就出海了，但是出海回来时有自发的欢迎仪式③，大家欢欢喜喜报平安，有鱼呀，大家喜欢唱就唱了。都是自己唱，并不是几个人一起唱，因为一个人一条船，这时唱什么歌都可以。有时是用对歌形式演唱，男的唱：“你知乜鱼为大兄，你知乜鱼三姓名，你知乜鱼得人惜，你知乜鱼得人惊。”女的回唱：“我知哥鲤为大兄，我知红鱼三姓名，我知金鲤得人惜，我知虎鲨得人惊。”这种环境对我产生了久远的影响，我们海上人家，期盼的就是亲人们能平平安安地回来，我年年都要经历这样极多的期盼，所以我们的渔歌总给人一种喜中带忧的情感流露。

---

①还功劳，是汕尾渔家女出嫁时所唱的“心焦歌”的一种俗称。未过门的新娘从完聘之日起，就开始唱“心焦歌”，出嫁前通过唱“心焦歌”，表达新娘对即将到来的新生活的焦虑不安，以及对父母和亲人的养育之恩的感谢，所以渔民把新娘唱“心焦歌”叫做“还功劳”或“还功恩”。新娘唱“心焦歌”要一直唱到“行嫁”（即择定的迎亲日）那天为止，这期间短则数日，长达十天。一般从感谢祖父、祖母的“功劳”开始，继而对父母、兄嫂、弟妹以及叔、婶、姨、舅、妗等亲人一一唱及、还谢。

②“歌簿”是旧时在渔家中流传的一种通俗读物，渔民将其唱词用渔歌曲调配唱，称为“歌簿歌”。

③打鱼的船是有航点的，哪一天回来是知道的，家人看到自家的船就会认出来。

男女唱的渔歌内容是不同的。男的主要唱歌簿的内容，有古代的和戏曲[①]中的人物，说的成分多，称为“传”，是小说体，拿着歌词来唱，如秦香莲、梁山伯、王双福、陈三五娘、《三国演义》的人物，以及白字戏里的帝王将相、英雄人物等，偏于政治方面，之所以有了这些限制是因为当时女人一般不识字，女人唱这些东西就少，一般是看到什么就唱什么，无拘无束。现在女人也会唱歌簿了，主要是诗文体的，“男人唱歌看歌簿，女人唱歌肚先来”。尽管女人和男人演唱的渔歌内容不同，但我都会去听和学习，这种传承式的学习，也让我掌握了众多不同内容和风格的渔歌，这些民歌歌手就是我的大众的老师。

何：您唱渔歌有什么特点？

苏：我没有接受过声乐训练，但年轻时唱歌有中气、有声音，唱的调门比较高，声线和声幅会高一些，我想，这应该就是父母遗传给我的吧。我和别人唱歌不一样的地方，是我唱歌比较刚，声音比较大，其他人唱的比较柔，我不够柔。我喜欢将一些装饰音唱进去，心情投入地唱，唱出自己的婉婉转转。有人评价我说，唱歌时我的牙不会漏风，牙齿整齐，声音是从喉咙里直着唱出来了，不太注意嗓子、头腔、气息等的运用。后来我听了一些老

---

①这里所说的戏曲，是指当地最具代表性的3个地方戏曲剧种：白字戏、正字戏、西秦戏。

a. 白字戏，用海丰、陆丰方言演唱，元末明初从闽南流入海陆丰等粤东地区，后来吸纳竹马、钱鼓、渔歌和潮剧音乐等民间艺术，改用当地方言演唱，逐步形成自己的风格特点。最初白字戏和潮剧都称白字戏，白字戏名为“海陆丰白字”，又称“南下白字”，潮剧名为“潮州白字”，又称“顶头白字”，后来白字戏一名用来专指“海陆丰白字”。2006年5月20日，白字戏被列入第一批国家级非物质文化遗产名录。

b. 正字戏，本名正音戏，用中州官话唱念，是一个多声腔的古老稀有剧种，是闽南语系的传统地方戏剧之一。明初南戏的一支传入粤东，形成正字戏，主要扎根于海陆丰两县，后传播到我国港澳台及东南亚等地。2006年5月20日，正字戏被列入第一批国家级非物质文化遗产名录。

c. 西秦戏，又称乱弹戏，流行于广东潮汕和福建南部及台湾等地，是海丰县地方传统戏剧。明代西北地区的西秦腔流入海陆丰，与地方民间艺术结合，至清初形成西秦戏。2006年5月20日，西秦戏被列入第一批国家级非物质文化遗产名录。

师的传教，进行了专业学习，就开始注意发声了，就有了方法了，开始尝试着将气息吸到丹田，这样感觉就会比较舒服。目前，我除了唱歌，还参加了打太极拳、玩功夫扇、耍刀打剑等活动，这些活动很有助于我唱歌时气息的运用。现在甚至还有人说，我现在唱歌比以前还厉害，我想恐怕就是气息从丹田出，气息用对了，而健康的身体保证了足够的气息。有专家曾评价我唱渔歌有3个特点：其一，歌中有渔味；其二，曲中有渔音；其三，浑然一体的演唱。我十分认同，我唱的渔歌就是海洋气息比较浓烈，水味够，渔味浓，也就是唱得比较古朴一点，把我们原汁原味的渔歌保持好。为此，我尤其注意每句的开头、中间、句尾的衬词、装饰音的运用特点，保持有时长、有时短的变化，因为这是我个人风格的重要体现。

我演唱的代表性渔歌有《渔民娶新娘》《纺线歌》[①]《十二月思君歌》[②]《十二个月朋友歌》《出海捕鱼》《织苴歌》《咸茶歌》《送兄歌》《手牵网线口唱歌》《自细缀父去牵罾》，以及很多的“情歌”，等等，最拿手的是“斗歌”。旧时在海上唱“斗歌”时，是船与船呼应唱；上岸后，比较多的是在节庆日、开民兵会、举办青年会时唱，有时大家都站起来唱，男女对唱，我爱带头，指挥大家。这时唱歌也没有什么特定的内容，你唱出什么，我就回应什么，你唱海我也唱海，你唱天气我也唱天气。

我唱的《纺线歌》是一首十分具有渔民传统的渔歌，歌曲有情节，有贴近生活的十分形象的表演动作，有人评价我的表演很入戏，原因之一就是我采用的都是渔民的日常生活动作，这些动作还是妈妈教给我的：“透早纺线日映映，阿妹牵线倒退行，手顶捏有二条线，左手挎有一个篮。”我的演唱，

---

① 《纺线歌》是一首经典的汕尾渔歌，是渔家女纺线时唱的歌，洋溢着劳动的喜悦。由于其曲调结构工整，以及来源于纺线劳动节奏的附点节奏和切分节奏的连续使用而颇具特色，形成特定的“纺线语”板。

② 《十二月思君歌》是汕尾瓯船渔民中流传最广、最受喜爱的一首长篇叙事歌，这与瓯船渔民特殊的生活状态和情感体验有关：男人出海捕鱼，给女人留下孤独，留下思念。这首歌曲的曲调，称作“思君语”板，旋律优美委婉，在徐缓的速度中演唱时，更显缠绵伤感，极具感染力。

总体讲是比较抒情的，但又比较灵活，尾音拉得稍长，这就增添了很好的韵味。唱《纺线歌》时，我还强调了阳光明朗的一面，让人们仿佛看到了一个渔家小姑娘、渔家青年姑娘或者是青年女渔民的非常明朗矫健的形象，突出了她们性格乐观、热情大方的特点。同时，我还有另外一种处理方式：这首歌的情景是在早上唱，天刚刚亮时，两个姑娘在纺线，心情的喜悦是由衷的，这种处理赞美了渔家小姑娘的天真和淳朴。我唱的《十二月思君歌》，也是我最有代表性的演唱作品，演唱时我将我个性中的阳刚一面加以控制，突出了委婉、缠绵、伤感的情调，凸显了作为女人歌唱时所具有的抒情性的本质特征。

当年黄琛①来汕尾采集渔歌，以我为主录了音，还录了我家婆、母亲，以及一些姐妹们唱的歌，我丈夫还陪他一起喝酒，我们一直保持着很好的关系。另一位学者林汉齐②对我的帮助也很大，我最早评上"广东省民间歌王"，以及后来评上省级、国家级"渔歌（汕尾渔歌）"代表性传承人，都是林汉齐帮我写的材料，他说我头脑灵活，歌唱得好。汕尾渔歌研究专家陈勇铁③说我歌声素质好，音色明亮，有时强调衬词衬句，形成了自己独特的阳光、明亮、乐观、泼辣的风格。

何：您是怎样传承渔歌的？

---

①黄琛（1934—2004），广东汕尾人，《白字戏音乐》主编、《中国民间歌曲集成》（广东卷）渔歌部分编辑、《中国戏曲音乐集成》（广东卷）编辑部副主任、《中国戏曲》（广东卷）顾问。1958年协助组建海丰文工队和汕尾镇业余渔歌队，分别任副队长、指挥；20世纪50年代中期曾随渔歌手徐十一等学唱渔歌，记录渔歌；"文化大革命"后，任海丰县文化馆副馆长、县文化局副局长、汕尾市音乐家协会主席等；20世纪80年代初，开始到各个渔港收集渔歌，并对每首渔歌进行详细核对，编入《中国民间歌曲集成》（广东卷）。

②林汉齐，广东陆丰人，汕尾市非物质文化遗产保护工作专家委员会专家、汕尾市城区汕尾中学高级教师。主编出版了《汕尾市非物质文化遗产》《汕尾渔歌》等。

③陈勇铁（1940— ），广东海丰人，1958年参加部队文工团，1961年考入广州音乐专科学校（今星海音乐学院），1964年毕业分配到福建省文化厅艺术处工作，1978年开始担任福建电影制片厂作曲，直至退休。出版专著《陈勇铁海丰方言歌曲》，发表学术论文《千年天籁之回响——汕尾渔歌采集整理手记》等。为汕尾渔歌的采集、整理、发展做出了积极贡献。

苏：我教学生，是先唱给他们听，听后便一句一句教唱，没有歌谱，词和曲是同时教的，因为我不识谱，所以也不单独教曲谱。教会学生后，要求他们下次来唱给我听。在传唱中没有什么限制，我现在组织了一个微信群，有500多人，我把要学的歌放到微信群里，大家想唱就唱。

我曾到幼儿园讲课和唱歌，我收徒弟也没有什么拜师仪式，他们自己有爱好就会来找我的。我有时教徒弟还要“倒贴钱”，他们星期五、星期六来，我会买些糖果之类的小食品。我教学生，也没有什么特别的要求，就是你喜欢，我就教你，学生学好了我也光荣，有时学习晚了，他们还在我家里睡觉。我的徒弟李香桂①就唱得比我好，还有我的女儿郑红玲也是。现在我收了100多学生，在培训班里的小学生中，有4个比较好的，最小的才6岁。学生中女生占多数。

唱歌时，有道具比较好，这样就有了诗情画意，如拿个斗笠、拿个船桨，伴随做一些相关的动作，如织网、绣花、缝衣、咬线、划船、摇艇、拉索、绞帆、擎锚、撒网、擂帆（男人动作）、三张帆扯起等动作。这些动作会辅助演唱达到更好的效果，有着更好的情绪展现。我教学生时，是动作和唱歌一起教的，有了动作的辅助，就使学唱渔歌变得饶有兴趣，既有情景的体现，又能让学习者很好地体会渔歌的内涵，使唱渔歌成为一种乐趣，特别对小朋友，成效十分显著。

现在我们上了岸，演唱环境有所改变，但对传唱渔歌并没有太大影响，我们唱歌，有时就在马路边，晚上8点大家一起来“斗歌”，唱的时候还吸引了很多过路人。特别在夏天，个个都搬个小板凳围成一圈一圈的，在我们家门口的巷子口，几乎每天都聚集，还有人不停地照相。如要更大一点的地方就会去海边，夏天时是每晚8点到11点。唱歌的群体比较固定，其中80来岁的老人就有七八个，小孩也有不少。而在海上唱歌，虽然海面大，空气好，可是

①李香桂，汕尾渔歌第三代渔歌手，现在是汕尾渔歌传承基地表演队队长，代表作有《送兄歌》等。

风也太大，太阔了，音就唱不准了，有时就不合调。我有时去香港、深圳我孩子那里，也会在家里自己唱渔歌，我的儿媳妇、女婿都喜欢听我唱歌。

这些社会上的唱歌活动，有很好的传播意义，我在其中也享受着传唱渔歌的乐趣。有时，一些活动的主办单位也会邀请我们去演唱，这也是一个传唱渔歌的好机会，每次不论是否有报酬，我都会尽己所能演唱那些拿手的渔歌，收到了很好的效果。我作为传承人感到很自豪，非常光荣。当然，并不是所有人都喜欢渔歌，有一些疍家人就不喜欢渔歌，但这是少数。

何：您是怎样编创渔歌的？

苏：我的创编主要体现在编歌词上，创编时比较随便自然，以前老一辈人唱的歌，我觉得有些地方不满意，就找一句好听的替换掉，特别是一些歌头和歌尾不恰当的地方，我要自己编。汕尾渔歌的“语板”[①]很有特点，传统的就有近20个。我喜欢我们传统的“语板”，我们的传统是抒情与柔软。“闲歌”[②]“诱歌”[③]这类渔歌由于有互通性，可用多种“语板”，如《上山放水落下山》[④]。“情歌”是一种类型的歌曲，歌词如：“看着盆花红又红，这花种得美又香，阿兄心想要去摘，不知阿妹甘不甘。”很多汕尾渔歌都属

①汕尾渔歌的曲调样式，当地人称为“语”，具有某种“特定性”，渔民自己约定俗成的“曲调语”有18种，也有一些不包括在这里面的。每一种“曲调语”可形成局部不同的同“曲调语”板的曲调群；“曲调语”之所以被称为“板”是借用了白字戏“板”的称谓。

②“闲歌”是汕尾渔歌的一个主要组成部分，其内容主要是可以随便唱的那些日常风情事。汕尾瓯船渔民，把他们在海上捕捞作业的工余闲时所唱的渔歌叫“闲歌仔”，在海上干活不唱歌，唱歌都在闲时唱。其突出的特征是吟唱，因而不追求音量。闲歌中包含了汕尾瓯船渔歌的大部分语板，且宫、商、角、徵、羽五种调式都有。

③“诱歌”是一种对唱放歌形式的渔歌，“诱”是引诱、挑逗的意思，引出对方应和，当地渔民又称其为“逗歌”或“斗歌”。由于“诱歌”时常拿“闲歌”来进行对唱，因此，同一首渔歌，作为“闲歌”吟唱时，唱得可能委婉、缠绵；作为“诱歌”对唱时，有可能热情、流畅，它们会形成两种不同的情绪氛围。

④《上山放水落下山》是一首渔家妇女唱的歌，抒发了思念父母的情感。旧时，渔家女出嫁之后，由于交通不便和其他种种原因，很难再见到父母，有的甚至再无重聚之日。在服侍家公家婆、相夫教子、尽心尽责中，也偶有心理不平衡时，因未能服侍自己父母而自叹自哀。

于“情歌”类。我编的歌词大都适用于传统“语板”。

因为我不会编曲子，所以创编很少改编传统曲调，主要用传统曲调演唱，唱得比较多的是“长声语”板[①]曲调，如《姐妹相约去过溪》。我们渔歌的歌词常用7字句，很多谱子都可以用上；是唱双不唱单[②]，即要有两段歌词，我们称一段为“一脚”，第一段为“上脚”，第二段为“下脚”，一首歌为“一双歌”，这是汕尾渔歌歌词的基本样式。由于我编渔歌主要是在歌词上，曲调采用传统曲调，所以那年去北京[③]唱的渔歌主要是对歌词进行了改编，如《把传统渔歌唱出来》：“渔歌唱出个个知，自古陆地已唱开，日常风情随意唱，把咱传统唱出来。”还有《渔歌》：“渔歌曲曲情意浓，世代流传有萍踪，改革创新爱传统，代代相传百年通。”《海水啊绿苍苍》：“海水一片绿苍苍，传统渔歌唱不完，东西南北咱唱到，歌声飘落南海洋。”

三、围绕汕尾渔歌的事象

何：您印象比较深刻的事情是什么？

苏：我对去北京唱渔歌印象比较深刻。更早一些，印象深刻的是1956年去汕头演《渔民娶新娘》，那时正过春节，我扮演举灯笼的人，我们没有排练，大家商量了一下就上台了，这个节目本来有10多人，后来限制人数，就去了7人。我们为什么会配合好，是因为这就是我们的事，就跟平常唱歌一样。

①“长声语”板，是汕尾渔民使用最多、流传最广的“曲调语”。与所有“曲调语”一样，有若干个不同的曲调，有大同小异的，有变异甚大的，形成一个同语板的曲调群。“长声语”板的音乐情感悠扬、舒展、愉悦、安详，但在配唱不同的歌词时，演唱者会依据词意，在音高、节奏以及演唱速度、装饰音等方面有不同的变化，由此产生不同的特点。

②汕尾渔歌的词格是“四句为一脚，八句为一双”；一般一首歌曲至少有八句，四句一问，四句一答；每句一般为7字，也有少量5字、8字的；“歌头”即第一句也有3字、5字的；第一段四句中的第一、二、四句要押韵，用平声，第三句不押韵，用仄声；第二段的四句要转韵。

③是指2018年10月30—31日在北京民族剧场演出的《渔歌里说——我唱渔歌给党听》汕尾渔歌专场。演出是由中国民间文艺家协会、广东省文联、中共汕尾市委宣传部、广东省民间文艺家协会、广东中华民族文化促进会主办，广东文化基金资助。

我第一次获奖，是1956年在汕头，演了《渔民娶新娘》；第二次是1957年参加惠阳地区文艺汇演，渔歌小组唱《五步送兄》获得一等奖；第三次是1958年参加惠阳军区的文艺演出，独唱《汕尾渔歌》获得一等奖，同年在广州军区演出又获得特等奖；后来我去广州军区学习了一个月，因我的渔歌唱得好，独唱有特色，应该是军区文工团，他们将我留下来，让我填了表，吸收我做演员。在那里我工作了三个月，领了三个月的工资，每月6元。但我妈妈不同意，说我是老大，要帮家里做事，她天天哭，不肯让我去，就把我拉回来了。

1978年我们去广州参加广东省民间艺术节闭幕式演出，一共去了有20多人，我女儿也去了，当时的省委书记习仲勋还上台和我们握手照相，这是一次重要的演出。

2018年10月去北京演出，我们一家四代人都去了，徐圆目[①]一家三代都去了，这次上台演出我是有点紧张的，我们进行了2个多月排练，但是没有工资，一些费用都要自掏腰包。这也是一次重要的演出。

何：当年的渔歌队[②]是怎样一个情况？

苏：我们的渔歌队是1958年成立的。当年是黄琛组织的，还有施明新[③]，

①徐圆目，女，1944年生，广东汕尾人，广东省非物质文化遗产（汕尾渔歌）项目代表性传承人。1958年开始参加汕尾业余渔歌队，拜徐十一为师，后得到施明新和夫人潘琳以及黄琛的指导。她的演唱以女中音见长，声色圆润、浑厚、细腻、柔和，行腔韵味丰富，具有浓郁的地方特色。曾多次参加全国、省、市、县的演出和比赛并获奖。

②这里指的渔歌队，是1958年在施明新、黄琛等人的建议和指导下成立的汕尾新港渔歌队，成员基本上都是当地的疍家妇女，她们所唱的都是关于汕尾疍民的生活、生产、习俗等内容的歌曲。渔歌队自成立以来，除了“文化大革命”期间暂停外，一直延续至今，并于2006年10月成立了理事会。

③施明新（1929—2002），福建厦门人。少年时参加救亡歌咏运动，后任抗敌演剧七队和中国歌舞剧艺社指挥；1946年在福建音专作曲系随陆仲任学习；1949年任华南文工团指挥；1955年随苏联专家杜马舍夫学习指挥，后任中央乐团特邀指挥；1957年参加创建广州乐团，任合唱指挥，以严格训练、细致处理、热情指挥见长；1978年任广州乐团交响乐队指挥。其创作的作品曾在全国汇演中获一等奖、全国群众歌曲评选中获二等奖。著有《合唱指挥常识》一书。

他们教我们24个人，然后先去汕头再去广州演出。我们唱的汕尾渔歌组歌《妇女捕鱼队》[1]由五首歌曲组成，他们是一句一句教我们的，我们分声部练习，高声部学高声部，低声部学低声部，互不干扰，然后合在一起，练习强弱等。当年我们自己唱渔歌如平波死水，施明新、黄琛教我们后，我们就唱得错落有致了，再加上配乐，很好听。第一次去汕头演出，观众说好听死了，以致后来我们巡游，观众跟着走，一直在夸。

当年的渔歌队队长是我，最年长的是徐十一，她比我大30多岁；最小的才12岁。我们渔歌队没有工资，当年做服装是由汕尾公社俱乐部出资。不过有段时间发了工资，我最多，每月12元，我女儿最低，每月7元。渔歌队的24个人都没有固定的工作，她们有些帮人家做家务，有些在食堂帮工，有些做搬运工的事情。我在渔歌队负责排练，还管理经费，但是没有什么钱，有时俱乐部会给一点。

我记得很清楚，那年去广州录音，我已有三个月身孕了，黄琛用肩膀当楼梯，帮我们上了敞篷货车，货车上没有椅子，我们是坐在铺着的稻草上的，货车一抖我们就吐，那时坐货车去广州要七八个小时。我们到了广州，马上就去录音，很辛苦的。

渔歌队在“文化大革命”时期解散了，队员们各自回去结婚生子，就剩下我们4人：苏少琴、苏细花、庞美英[2]、徐圆目坚持。后来又有人陆续来，一批一批是流动的，有任务便通知他们。“文化大革命”期间，我们也去农村演出了，吃番薯、花生，还要带孩子，什么困难都要克服。我们的演出每次都返场，尤其唱“斗歌”时。最困难的，就是有时我要挨家挨户找队员们，他们不来就罢了，还哭。我在汕尾城区渔歌传承基地做副主任时，是教人家怎样唱歌和表演，如怎样做船上的动作等。前几年有个渔歌剧《默

①汕尾渔歌组歌《妇女捕鱼队》，潘琳词，施明新编曲，由出海、捕鱼、织网、等待、丰收5首歌曲组成，1958年在北京演出，产生了广泛影响。

②庞美英，女，1944年出生，广东汕尾人，汕尾市非物质文化遗产（汕尾渔歌）项目代表性传承人，1958年参加汕尾镇业余渔歌队。

娘》[①]，讲的是妈祖[②]，我帮助指导了一些“语板”唱不准的。现在我们的渔歌队，大都是四五十岁的人，女的占多数。

何：渔民的服装和演唱渔歌时的服装道具是怎样的？

苏：我们渔民以前穿的服装比较简单，不敢穿整套的，害怕渔霸侵害，只穿一件或蓝间白或黑间白的衣服。头饰以前有4个辫子，可以插头，现在也保留下来了，我比较喜欢棕色的髻，插得满满的。

现在因为要上台表演，什么颜色的衣服都可以穿，看表演什么角色，头饰一般喜欢红色的。舞台上的女队员，尚未出嫁的，头上打个髻，插枝梅花，不用多插；已出嫁的，头上打成蒙古髻，插四枝梅花。戴的耳环是“长耳环”，不是那种扁的耳环。结婚前后服装不同，婚后要穿裙子。老年就不插什么了，只打个髻，衣服颜色多为黑色、蓝色，或是素色的。舞台上的男子服装，有红色的、棕色的、灰色的，年纪大一点的人有穿深蓝色的、浅蓝色的；头饰用长长的布条绑在头上，就像清朝人，象征在海上行船。

旧时，渔民很辛苦，穿好一点衣服又怕咸海水一泼就全完了。现在的衣服有印花的，也有金色的。现在的男人要出门，要穿白衫做贴底，如白T恤、白恤衫，外面可以套件西服什么的。但旧时没有这个机会。以前的男人穿大龟衫，还留大辫子呢，现在不穿大龟衫了，一般都穿对襟衫。

以前唱歌没有道具，现在表演就拿一些道具，如船桨、斗笠、篮子、束腰的白索等。我最喜欢红色的服装，还有蓝色和绿色的，这是我从小穿的颜色。我喜欢拿斗笠，还有篮子，因为这最具有渔民的特点。早在1958年，我们唱渔歌就有伴奏和舞蹈了，而在此之前只是清唱。我很喜欢唱歌时有伴奏和舞蹈，喜欢用二胡伴奏，还有琴，以及鼓敲击等。演唱时，伴随着内容的

---

①《默娘》是汕尾市城区创作的大型渔歌剧，讲述了林默娘羽化之前“祷雨济民”“治病消灾”“焚屋引航”等事迹，体现其和平友好的大爱精神和扶危济困、乐善好施的崇高品德。

②妈祖信仰是汕尾瓯船渔民最主要的民间信仰，汕尾瓯船渔民视妈祖为海神、保护神。每年农历三月二十三日，是传说中妈祖生日（渔民简称为“阿妈生”），祭祀活动极为隆重。

变化，我们常有一些辅助的动作，男女动作分别做，互不干涉。

何：汕尾渔民红白喜事时是怎样唱渔歌的？

苏：女人出嫁，要穿黑色的“过头衫”，结婚穿乌衫[①]的风俗是祖上留下的老传统。出嫁4件衣服：里面1件蓝上衣，外面1件黑上衣，1条阔裤（乌裤、过头裤），绑条乌头巾，布头长长地从头上垂下来；不能穿底衫、底裤。这4件衣服就叫“过头衫”，意指头一次，这是祖上留下的风俗传统。“过头”后，新娘要出来敬茶，此时要头插簪，穿红衫、绿裙、裤脚缝红边的乌裤。

婚嫁时，整个过程要唱“娶新娘歌”，基本有7项内容：尚未过门时，新娘先唱“心焦歌”（即俗称的“还功劳”），也可以有帮唱，如新娘的妹妹、嫂子等帮唱，出嫁时新娘本人就不唱歌了；迎亲的船到时，男女双方船唱“对歌”；两船即将靠在一起时，双方各有两位歌手唱“（遮）船歌”（又叫“新娘歌”），这是十分有感染力的歌；新郎娶亲送喜礼时，男方“好命妈”唱开门歌，如《雨伞歌》[②]，也叫《雨圆歌》，这时门打开了，“好命妈”拿把雨伞来遮着唱，接着伴娘唱“捧花歌”[③]，再由男方“好命妈”唱；新娘“过船”[④]前，新娘母亲唱“叮咛歌”[⑤]；新娘“过船”后，男方亲朋唱“赎嫁妆歌”；当全部嫁妆搬好，船要开走时，双方亲朋唱祝福的歌，新郎也可以唱歌了，可以一路唱到男方家里，如：“新娘娶到俺家来，容

①乌衫是指黑色的衣服，又指古代贫贱者之服。

②《雨伞歌》又叫《雨圆歌》，因为“伞”与“散”同音，被认为是不祥的话，所以虽拿着雨伞唱歌，但都唱成“雨圆”，以示圆满和好。

③“捧花歌”是伴娘唱的歌，表达了伴娘对新婚夫妇的良好祝福。伴娘歌是婚礼仪式歌的一种。

④“过船”与岸上人们的“过门”是一个意思。

⑤“叮咛歌”是新娘出嫁当天，“过船”前唱的最后一首歌，这是母亲嘱咐女儿的歌，主要是叮嘱自家女儿要自爱珍重、勤俭、做个贤孝媳妇，交代女儿嫁到婆家要守礼节和侍奉家中长辈，表达了父母对女儿的关爱、期望，体现了父母焦虑之心、担忧之情。这类歌曲真实反映了旧时疍船渔民在教育子女、传承美德方面的种种理念。“叮咛歌”曲调是一种唱得最多的、比较定型的曲调，形成汕尾疍船渔民最主要的“曲调语”板之一的“叮咛语”。

貌生好好人才，龙凤相对添贵子，五男二女随身来。”整个婚嫁过程都有渔歌相伴。

旧时，结婚时要看离娶亲的时间有多长，计算哭嫁开始的日子，剩一个月就哭一个月，剩十天就哭十天，如果新娘没哭，人家会说闲话的，母亲还要捏她让她哭。现在这些传承人都老了，年轻人都不会了，要传承就要哭的，我大女儿结婚时就有这个仪式，她就哭了。

以前娶亲当天早上，新娘要做“红丸”[①]，中午就吃红丸；婚嫁是在傍晚进行，迎亲的队伍在晚上娶新娘过门，整个过程都在晚上，子时（12点）以后才能“过船”，夜里的两三点娶新娘，那一天就叫做“开暗头”；新娘娶过来（第二天）的酒宴就叫“正酒”，摆酒都是在船上的，摆酒的时候亲朋会来祝贺。新娘过门前，摆酒也是在新郎家的。也有人说，晚上娶亲，是怕那些海贼将新娘抢走。

旧时，父母主婚，再加上风俗，是不允许渔家女子嫁到外面的，要嫁就要嫁五姓[②]之内，就这样嫁来嫁去的。现在可以了，只要是女方同意。我现在的两个儿媳妇，都是外地人，识字懂墨又孝顺，对我非常好。

红白喜事时，唱“哭嫁歌”[③]、“哭歌”。虽然都唱“还功劳”，但内容不一样。

喜事是出嫁，唱“还功劳”，一边哭一边唱：“我要出嫁了，我从小是父母养到大，现在养了没功劳，你们养我很艰苦，‘一个钱三个波浪’，去挣钱来养我大，我现在要出嫁了，要记得这些功劳。”我们娶亲结婚，以前说唱要一整天，非常喜庆，那时是在船上嫁娶，很热闹；现在上岸了，我们可以在岸上走来走去，伴娘在家里窜来窜去，虽然与以前不一样了，但也非常喜庆热闹。

①红丸，也叫父母丸、糖丸。新娘“过船”前，要用男方送来的酒、粿盒以及红丸敬拜“神位”、父母，与弟弟妹妹分吃“糖饭”，象征未来的日子甜甜蜜蜜。

②在传统水上居民中，一般指苏、钟、郭、李、徐五姓。

③“哭嫁歌”是指“心焦歌”。

白事是指丧礼，也唱“还功劳”，但主要意思是：“阿父阿妈养我在，现在就走了，想要享清福都没法享了；我想要养你们，你们却走了。”唱者要哭出来，要念出来，唱成歌，连成歌。丧礼上的“还功劳”，现在已没有人教了，就是有人教，人家也不愿学了。

红白喜事的“还功劳”，每句歌词的字数、尾音的处理、句逗停顿等方面，特别在音调上是有所不同的，结婚时唱的音调往上走，人去世时唱的音调往下走。词曲都不一样。我愿意唱喜事的“还功劳”，唱“还功劳”也是渔民的一个传统。

何：还有哪些民俗？

苏：我们拜妈祖、佛祖，主要是妈祖，还有一些诸如龙王爷什么的这些神。渔歌里没有唱龙王爷坏话的内容。妈祖节日非常热闹，大家一起去，有虎啊狮子啊的巡游，很有特色。在行礼祭神拜妈祖的时候，点蜡烛时是不唱渔歌的，但可以念，念成歌就可以了。如点大烛时念：“大烛点起彤彤红，拜神拜佛神来帮，拜神拜佛神保佑，东西南北有贵人。”在这之后才唱歌，唱着歌到处去祝贺。

我们在船上吃饭，没有一起吃的，因为要有人干活。唱渔歌也没有特定时间，有时半夜想起来也唱，但做饭时是不唱歌的。我们做事有些规矩，如吃饭时的汤勺不能翻过来，吃鱼不能翻鱼身，碟子不能翻过来倒菜，筷子不能竖立着插，等等。

访谈后记

访谈结束后，苏少琴现场为我们演唱了《摇艇歌》《还功劳》《辨歌》《纺线歌》《牵鱼歌》《风拍茶叶响咧咧》《诚拜阿妈》，以及斗歌《老人声》和一些“情歌”等。

我们的采访涉及苏少琴学习和演唱汕尾渔歌的经历；涉及苏少琴的演唱特点和教学方式；涉及汕尾渔民生活的历史变迁；涉及汕尾渔民的风俗习惯

以及伴随的渔歌的歌唱。这些为我们勾勒出了一幅汕尾渔民生活风俗的多彩画卷。采访中对渔歌的讲述及其外延注释，远远超出了音乐的范畴，内容丰富、信息量大，十分珍贵。我期待着，这篇口述访谈录会对汕尾渔歌及至汕尾渔民风俗的研究有所帮助。

最后，苏少琴总结说：我们要有新的创新，不能总是“新娘歌”“斗歌”，人家听得太多了，就不乐意了，那时的《长洲泪》[①]就是一次不错的尝试，很有特点。我成为代表性传承人以后，有一些采访，本地外地的电视台都有。我有许多民间的和政府的各种奖状，但最好的是国家级传承人的荣誉，政府每年给我们经费支持，但是我希望能够对我们的汕尾渔歌传承基地多些经费支持。

话虽不多，但对于该如何传承和发展非物质文化遗产，她表达出了自己的希望。

①《长洲泪》是20世纪50年代，海陆丰民俗音乐家马思周（马思聪先生的堂弟）担任汕尾中学音乐教师期间，在记录整理海丰的西秦戏音乐、吹打乐牌子曲以及记录汕尾渔歌基础上，编写出的一部渔歌剧，那时参加惠阳地区文艺汇演获优秀奖，将汕尾渔歌推上了文艺舞台。

珠海乾务飘色

广东省非遗传承人梁广桓访谈录

开篇文题[①]：梁广桓，男，生于1942年农历一月，乾务镇乾东村人，曾学习乐器，如唢呐，还有曲艺等，15岁开始唱戏，在粤剧社唱花脸，后一直在做手工纸扎[②]。1958年到2005年，坚持画画，2005年开始搞飘色，是飘色制作技术骨干，热心培养徒弟。

乾务飘色是一种综合性的民间艺术，具有较高的艺术价值。最引人注目的是由7岁至10岁的小孩扮演民间故事或历史典故中的人物，飘立在色棒上，倏忽若飞，造型独特，极具欣赏价值。乾务飘色分布在乾务镇乾东、乾西和乾北三村，至今已有近400年历史。据传，明朝天启五年（1625），乾务乡亲梁国栋赴京应考获取功名，出任江西省彭泽县令。后梁国栋告老还乡，从江西省仿铸了“江西飘色”的关键部分（三支色棍）带回家乡，精心设计，并亲自指导乡民安装了三台飘色。独具风格、各领风骚的三台飘色，成为当时香山县民间艺术的代表作之一。

①本文为广东省非物质文化遗产代表性传承人口述记录工程、珠海市文化馆“2021年珠海市非遗传承人抢救性工作”招标项目（项目编号ZCCG-G21-0346FJ）、珠海市金湾区文化广电旅游体育局“珠海市金湾区建立传统音乐非遗传承基地合作协议”项目（项目编号2019KYHX14015）、教育部人文社科百所研究基地中山大学中国非物质文化遗产研究中心珠海站（珠海科技学院）研究成果。

②旧时民间风俗中老人去世做白事时，要烧一些已故人生前喜爱的物件的纸扎物，纸扎就是做这些东西。

乾务飘色于2007年3月被列入珠海市第一批非物质文化遗产代表作名录；2007年6月被列入广东省第二批非物质文化遗产名录。梁广桓于2007年12月入选珠海市非物质文化遗产项目代表性传承人，2008年3月入选广东省第一批非物质文化遗产项目“飘色”代表性传承人。

我们的访谈从梁广桓从事飘色活动的经历开始[①]。

一、从事飘色活动的经历

何平（以下简称何）：梁先生，您好，请您介绍一下自己的基本情况。

梁广桓（以下简称梁）：1942年农历一月我生于斗门乾务镇乾东村，6岁开始在乾务中心小学[②]念书，开始读书的时候还是民国时期。1950年父亲去世就中断了，1951年才重新上学，是衔接当年级的下学期，之后就一直按部就班上学，直到读完五年级。

小学毕业后，我一直在家务农。以前除了干农活外，晚上去农民小学学习乐器，如唢呐，还有曲艺等，这些都与我后来做飘色[③]有关联。我15岁就开始唱戏了，在粤剧社唱花脸，一直到“文化大革命”，进了宣传队，当时还担任宣传队长。有段时间在大队当团支部书记，那时候有很多文件需要看，自己也常写些东西。

①采访时间：2021年11月15—16日。采访地点：珠海市斗门区乾务镇文化站。

②斗门区乾务中心小学历史悠久，创办于1946年，2002年8月搬到新校址，现已成为一所“花园式”学校，在校学生2000多人。

③飘色源于中原地区的抬阁，已有2000多年历史，因在高台上演出，也称“台阁”，飘色是广东白话的称谓。广东飘色最早起源于元明时期，先后经历了“转色”和“板色”两个阶段。飘色是一种综合性的民间艺术，是集文学、戏剧、音乐、造型、雕刻、服饰等于一体的“百科艺术”，是在一台色柜上进行表演，色柜由色床、色脚、色棍、色杠等组成，色心（即人物造型）是表演的主角。飘色通常是走街串巷巡游表演，其引人注目的地方是多用7岁到10岁小孩作“色心”，扮成民间故事、历史典故中的人物，或佛、道神像等。“色心”凌空而起的人物造型，也被称为“飘色”。在水上表演的称“水色”，用马乘载表演的称“马色”，靠自己行走表演的称“地色”。乾务飘色属于“地色”。

以前我曾向农民小学的老师梁根达学唱歌，也向戏班唱曲的师傅们学习。我文化水平不高，不是很懂乐谱，主要就是跟着人家学，时间长了，就自己学着看，看多了就自己学着唱了，我常常与那些师傅们边玩边唱，就这样，慢慢学会很多音乐知识。20世纪70年代，我开始写写画画，主要是从书本中学习，后来才渐渐做起飘色的。2005年开始专注搞飘色，闲下来的时间，有时还会去捕鱼。

何：您是怎么喜爱上飘色，怎样开始从事飘色的？

梁：我们乾务人梁国栋①从江西带回了三条色棍②，这三条色棍分属于三个村子③。1948年，我6岁时，看过飘色，村里人做，我就在旁边看。记得1952年和1955年，我看过两次印象比较深的飘色表演，好像他们后来还去过澳门演出。这些印象使我慢慢对飘色有些感觉。1958年以后这项活动就停止了④。1958年到2005年，我一直在画画，直到2005年才开始搞飘色。

2004年时，乾东飘色的那条色棍不见了，说是被别人拿去做钢筋用了，只剩下乾西、乾北两条色棍了。当时国家已开始提倡保护非物质文化遗产

①梁国栋，乾务人，明朝天启五年（1625），赴京应考获功名，出任江西省彭泽县令。

②色棍是整个飘色的最重要部位，是一条钢铸而成的、直径约2厘米、长250～360厘米的钢材，它支撑着整个飘色的重心，根据飘色所描述的内容铸成各种形状的外形。所以在选材方面，要选用既具有坚硬度又具有韧性而且可随意弯曲的钢材。例如：飘色《八仙闹东海》的色棍，要先直竖150厘米，后横折60厘米，再折90度向上150厘米，立在色柜上。

③乾务飘色分布在乾务镇的乾东村、乾西村和乾北村，至今已有近400年历史。据记载，明朝天启五年（1625），乾务人梁国栋出任江西省彭泽县令后返乡，从江西省仿铸“江西飘色”的要件三支色棍带回家乡，并作指导，乾东飘色是《喜鹊练梅》，乾西飘色是《八仙闹东海》（又名《螃蟹过江》），乾北飘色是《白蛇传》（又名《仕林祭塔》）。至此，每年喜庆日子，都进行三台飘色汇合在一起的“汇色”巡演。

④由于各种原因，乾务飘色自1958年10月1日巡游后就不再举办了。改革开放后，乾务飘色在1988年国庆节重新出现，并逐渐增加了内容，至目前，除传统的3台外，又增加了5台：《观音坐莲》《五鼠闹东京》《哪吒闹东海》《闻鸡起舞》《穆桂英招亲》。1990年10月28日，乾务飘色应邀参加珠海市建市10周年庆典，接受江泽民、杨尚昆等国家领导人的检阅，受到各级领导的高度评价。

了，乾东村没有了这些东西，很多人就不想做了，但是既然政府提倡了，当时老人馆①里的老人家们就对我说："要不然，你做回那些飘色，怎么样？"我那时一直在做手工纸扎，村里属我做得好，再加上我一直在画画，小时候曾一直跟着前辈看飘色的整个过程，有印象把小时候的飘色画下来，因为有些记忆就画在画里了，所以老人家们也有意让我来搞飘色，就这样，我开始琢磨起飘色了。

我做纸扎很长时间了，做什么像什么，做的灯笼是会旋转的，我将一个马达安装到灯笼里面，使它转圈圈，十二生肖都能在里面转。

那段时间经常有人来问我，我说做飘色并不难，只要有资金，就能做飘色。当时在政府工作的老钟就找我谈这件事，说："乾务的那三条色棍有一条不见了，但我听村里人都说你会重新造回来。"在他的支持下，2005年2月我开始试着制作飘色。我得到了一些资金，去购买了材料和工具，奔走了一个礼拜，将买来的钢材带到铁铺、五金铺，再配上图纸，最终制作出了一台飘色。

2005年的农历八月十五，我第一次组织大型的飘色活动。当时整个乾务镇男女老少有一万多人来看，这是我第一次组织这么大规模的飘色活动。

何：您在飘色活动中主要负责什么内容？在当初学习飘色的过程中，谁对您有影响呢？和您一起合作飘色的都有哪些人？

梁：无论飘色中的哪一项我自己都要去负责，从设计到色棍制作，到负责飘色的装饰，从画图纸到做装饰，几乎都是我自己学着做的，自己思考出来画的构图。

以前上学时，我的小学班主任周健强对我很有影响，他现在还在世，比我大5岁，已85岁了。周老师以前在政协工作过，会经常问起我，有时他去珠海市区开会，看到相关资料就注意到："咦，这不是我的学生吗？怎么会制作

①指乾务镇的老人馆。

飘色，他力学不会，数学也不行。”其实，我的画画和力学知识都是受他的影响。

和我在一起制作色棍的有一个五金铺的师傅梁北沛，他是我合作制作色棍的指定师傅，我每次给他图纸，他就按照图纸做色棍，我和他一起找材料，再按需要，打造成想要的样子。同我一起合作搞飘色的还有梁国良①等一些人，不过这些人每次都是不固定的。

我做飘色，首先是要有想法，想着结构图，比如看这条色棍能不能托住两个小孩？这条铁杆是用合金钢去打造。当年我就找了很多地方都没有合金钢，最后去到了平沙②，在平沙的一个废铁场那里，捡回几根有用的铁棍。

何：您做飘色时有没有什么要求？

梁：“色心”的小孩要求比较矮小一些，45斤以下；工作人员要注意安全，这是最主要的，因为人要坐在上面，而铁棍只有那么一点点粗，如果坐的位置特别硬，那是不行的。比如现在的一些桥梁，底下的底座是有振荡回力的，所以飘色也要有振荡回力，人坐在上面会比较自在，演出的人表演得也会更好一些。

何：您是怎样学习飘色在设计时的力学内容的？

梁：我依靠的是在制作过程中去逐渐摸索，尝试土办法：用50斤的铁盘，绑起来挂上去，再用杆子捅一下，就知道它牢不牢。就是这么做试验。

何：做一台飘色要多长时间？包含设计等一整套一共需要多少时间？有些什么程序呢？

①梁国良，男，1962年9月出生，现在是乾北村飘色队的传承人。

②平沙镇，隶属于广东省珠海市金湾区，位于金湾区西部，北与斗门区乾务镇接壤，南与高栏港经济区相连接。

梁：单单只算制作这一步，大概一个星期[①]。如果加上构思图纸，得一个多星期。全部做完，我是需要四五个月这么久的：首先我自己设计图纸，然后出图纸，按照图纸购买材料，如粗大的钢筋，再和五金师傅一起研究现成的制作，制作好了产品，还要配上装饰，如色彩的搭配，在配饰时还要挑选小孩进行绑扎，让他们上去试验[②]，最后才完成。

把这些材料都准备好了，第二天巡游，巡游当天给小孩化妆、换衣服，然后把小孩绑扎上去，整个过程大约需要2小时[③]。以前绑扎是我们自己做，现在都是一些年轻人做，绑好扎带之后就穿上演出的服装。飘色架整体搭建好，把小孩放上去，小孩上身穿表现飘色内容的衣服，下面穿裤子。之后推着飘色走，演奏音乐的锣鼓柜队伍走在最后。这些流程是固定的，自古流传下来的，渐渐徒弟们就学会了。

每次飘色活动要筹备一两天，文化站会补贴，有时政府也补贴。我们镇三个村做得比较好，这三个村的三支队伍合在一起就有80人左右，春节或大的喜庆日子，三台色都汇合一起进行“汇色”巡演。一天一人大约会补贴150块钱。

①制作的物品主要是色柜、色棍。色柜是一个木制长方形大柜，长约180厘米、宽80厘米、高74厘米，两边有两条各400厘米穿过柜身的抬杠；柜面中央留有一个直径约2厘米的方孔，让色棍穿过。柜身有两扇刻有图案的木板门，以便柜子中间存放沙包（用于平衡）和其他东西。色柜本身重200多斤，放进的沙包300多斤，这样，色柜本身就有500多斤重了。在柜身上四面分别雕刻有各样的图案，如龙凤、花草等。现在推行的色柜底部四角装有滑轮，以便推行。此外，有时还会有领路牌、罗伞、护色（木制，T字形，长约3米）、色心的服饰，以及相关辅助表演的道具，如：螃蟹、蛇、扇、塔、鸡、红缨枪、扇面、剑尖、花卉等。

②色心的人物造型，包括“色仔”和“色女”，男的要求眉清目秀，女的要求靓丽有灵气。他们的服装和化妆要符合表演内容的要求，例如《八仙闹东海》（《螃蟹过江》）中的“色仔”“色女”要穿古装服饰、戴头饰，化妆成“八仙”中的两个人物：男的是吕洞宾，手拿佩剑；女的是何仙姑，手拿荷花。

③飘色安装是真中有假，假中藏真，真假两难辨。由于柜面有80厘米宽，装色时只能前后安排，从外形看一个坐着，一个站着（其实都是坐着），一低一高，让人看得挺清楚明白，但内里有乾坤。在整个装色过程中，全由四个人用四支叉子撑住一张大篷布遮住，不让观众看到安装过程。

二、乾务飘色的特点

何：请您介绍一下乾务飘色的特点。

梁：按照以前江西带回来的色棍，梁国栋教的就是有一簇梅花，“假脚”踩着这簇梅花，梅花由喜鹊衔着。用喜鹊隐藏住这个衔接的特点，就叫“过桥”[①]，特点是隐藏。飘色《白蛇传》（《仕林祭塔》）里的塔，就是一个塔一个塔这样“过桥”的。

顺着色棍上去，色仔坐在最上端，拿着一支箫，那支箫紧连着蟹。喜鹊衔着梅花，是离开的，里面实际没有树干，喜鹊就是这样用嘴巴衔住梅花，上去的人就坐在那。这双脚就这样踩着，非常稳当，能承载一个人在上面，就像螃蟹用钳子夹住钉螺一样，这双脚也夹住柱子。色仔或色女一只脚踩在钳子上，这就是“过桥”——隐藏了色棍[②]。我们做得最好的活就是“过桥”，在珠海的香洲、斗门已经这样做飘色好多年了。我的“过桥”做得好，可能与我原来做纸扎有关系。

我们飘色上面那条蛇是真蛇，蛇皮经过药物处理，把蛇绑在色棍上，隐藏在色棍上面，用这条蛇掩盖了色棍的外露，蛇要保持新鲜，不新鲜会发臭。喜鹊同样用药水制作，先宰杀好、清理内脏，再用药水浸泡，制作完成后可以保持两三年都不坏。蛇口衔着的虾，非常大，和现在的罗氏虾一样大，要在新鲜时慢慢把虾肉清理出来，再用青矾浸泡制作好，特别是虾的两个钳子更要制作好。

①过桥，是指隐藏色棍的技巧。

②这需要飘色的平衡：色柜本身重200多斤，沙包300多斤放在柜内不同位置，用来保持平衡，上面有两个小孩。抬起时高度近4米，一个小孩站在3米的高度上，前进时稍有步伐不一致，就会导致翻柜。旧时抬柜起色时是由一个带头人先放炮竹，再喊口号起色，这样抬色的人慢慢抬起色柜，随之可观察色柜是否平稳，如不平稳就放下，将沙包移到适当位置，再喊口号起色，经多次练习，直至色柜平稳为止。现在多用哨子代替喊口号。

何：您的飘色在表演上有什么特别之处？在题材上有些什么不一样？

梁：我们村的飘色较其他村，主要是《喜鹊练梅》讲究“过桥”技巧，就是前面讲的喜鹊衔着的那一束梅花，脚是踩在那里的，然后就看不见了，有裙子遮挡，人的脚在上面是看不见的，最后装饰两只假脚。小朋友的表演其实大同小异：拂尘、微笑，要有动作做给观众看。

我们的题材主要来源于乾务那三条色棍的故事。我们乾东的《喜鹊练梅》，原来虽有，但是失传了，现在的《喜鹊练梅》的故事是我看到有些古书，后来改编的，是根据那条色棍想出来的。那些整理《喜鹊练梅》的手稿、照片，一些专家拿去复印了。

何：请您介绍下飘色中的音乐。

梁：飘色表演中的乐器是一个锣鼓柜[①]，它包括各种锣鼓，合上唢呐等。我做飘色是要考虑音乐的，这是传统，这里的飘色差不多是用同样的音乐，采用粤剧的中板或滚板音乐。旧时演奏是这样，现在还是这样，但较新颖的是演奏《得胜令》。

何：还有哪些传统故事流传下来？

梁：凡是做文章，都会有比喻、夸张。《八仙闹东海》《白蛇传》之类的，都是留存下来的。最早我在15岁的时候就听过粤剧《白蛇传》等的故事。三条色棍有三个故事，是不同情况的。很多故事都是年轻的时候在小人书或者别的什么图书上看到的。如《喜鹊练梅》，其中有些内容是以前老人

①锣鼓柜，又称“八音柜”，柜前后装有木杠供两人抬柜用。柜上装有小鼓、铜锣、铜鼓、木鱼等敲击乐器。每队20～30人，表演时乐手身穿盛装，在路牌的引领下缓缓前行。表演乐器以唢呐为主，吹奏粤剧的板腔，以表现特定的戏剧场面或演奏牌子曲。为飘色表演营造氛围，增加热闹气氛，锣鼓柜队伍在巡演时有时在飘色队前面开路，有时在飘色队后面，一同表演。

家流传下来的，这些老人都去世了。一些流传下来的内容，当时有些与飘色有关系，有些没有。这些内容都是以故事的形式流传下来，不是以飘色形式流传下来的。

何：您是怎样挑选飘色的小孩？这些小孩平时训练吗？请介绍一下关于小朋友的化妆和服装。

梁：我会组织几个领队去挑重量在45斤以下的小孩，选的时候个个都要抱一下，抱一下就差不多知道了，如果这个小孩形象好，美观、消瘦，就可以了，男孩女孩都一样。小孩子是不用训练的，这些小孩做了飘色后，感觉很喜欢的，我们还会在第二年、第三年继续叫他们参加。我们这里有一个小孩，是第一批的，他胆子大，已做过两次了，他还叫我们帮他拍照，说拍出来给他外婆看的。很多做过飘色的小孩，长大以后也热爱上了飘色。

当然，也有的家长不同意，因为之前做飘色时，有些旧的封建思想，说做“色女”以后嫁不出去，结婚没人要；做“色仔”没人愿意嫁他，所以有的家长不同意。我向他们解释，小孩子长大之后的娶嫁与飘色没关系，而且为了乾务的传统文化艺术，我们应该积极支持飘色的开展。后来很多家长都是自愿带小孩过来报名的。

“色心”的小孩要根据人物要求化妆，我们是找专门的化妆师给小孩化妆，服饰是从广州买的，有时我还亲自去买，也动手做，因为服装和头饰买回来以后还要自己做些改良。

何：飘色的服装有要求吗？请您介绍下制作流程、服装特点。

梁：一般情况下要先有主题设计，再做服装，政府会有补贴。我们要先买材料，挑选那些需要的，现在是井岸①的一家制衣厂来制作服装，在测量身

①井岸镇是珠海市斗门区下辖的一个镇，位于斗门区中部，是全区的政治、经济、文化中心，也是珠海市经济第一大镇。

型后，将材料给制衣厂制作。

飘色队的服装也与表演的一些故事联系紧密。如《喜鹊练梅》中的梅是青色的，色柜人员服装也是青色的；《观音坐莲》中的观音穿白蓝色衣服，色柜人员就穿蓝色的。《八仙闹东海》（《螃蟹过江》）是黄色的，色柜人员会穿黄色衣服，这时锣鼓柜人员可以穿红色的。一般讲，色柜人员穿黄色的比较多。色柜的颜色是木匠在每次活动前按要求画上去的。有时飘色队伍人很多①，我们的几个锣鼓柜摆放在一起，你也会看到不同的颜色。

三、乾务飘色的传承

何：现在斗门乾务镇大概有多少飘色队伍？现在乾务镇有多少人在搞飘色，跟您一起搞飘色的人有多少呢？您平时会进行飘色的培训吗？

梁：乾务镇有4支飘色队伍，每到活动时就合拢在一起，乾东、乾西、乾北的都在里面，形成“汇色”表演。

整个乾务镇，起码有80人在搞飘色，有小孩、家长、工作人员。这些人搞活动时就聚在一起，全部分好工，负责不同的部分。我是总负责，是师傅的角色，参与整个创作过程，以及飘色的材料、饰品的制作装饰和整体的台色等，也指导别人安装，基本上讲一次别人就会做了。全部完成以后要跟着巡游，嘱咐大家要小心，做到安全。飘色活动结束后，小孩从色柜车上下来时，更要注意安全②。

平时一般没有培训，因为每个人都有自己的工作，没有时间坐下来讲。

①以前一个飘色队由50多人组成。一是表示热闹，队员围在一台色柜旁，如七星拱月；二是起安全作用，起色或遇到色柜摇晃不定时，会有2～4人拿着高叉撑住两个小孩的两肩肋底，以确保色仔和色女的安全；三是500多斤的色柜行进，要不断地替换抬色柜的人。

②飘色的卸装，同安装时一样，由4人用4支叉子撑住一张大篷布遮住，不让观众看到卸装。在里面由1人操作，2人协助，把色仔、色女卸下来，把真的部分卸下后，就用大篷布将假的部分包起。整个过程需20分钟左右。

平时也不需要练习，只是在我做的时候，会有年轻人在一边看着学习，这样形成传承。

何：能介绍一下飘色的传承谱系吗？1958年以前，乾务飘色是谁在做？

梁：说到传承还是要追溯到1625年从江西回来的梁国栋，他开始教会周边的村民，这些村民就将飘色世代流传下来了①。梁国栋从江西带回来的至今已几百年的那三条色棍，在我小时还在一起进行表演，没有分开过，现在只剩一条了，在文化站保存着，已是文物了，但我们又重新制作了新色棍，我自己就做了4条。表演时，一台飘色一台色柜，不同的色柜表现不同的内容，比如现在已有的8台飘色内容。

乾东村老人馆的馆长梁五桂，是一个组织者，就是他让我搞飘色的。其他的我就不太清楚了，只记得，三条色棍分别在三个村子，当时申报非遗传承人时，大家推选了我，其实这项非遗是个集体项目，我是在为这个集体做事情。

何：您具体传承飘色的哪一个环节？

梁：主要是教如何给小孩穿衣服和通过“过桥”装饰色柜。小朋友的安全最为重要，所以要先教组装，开始是我爬上去安装，让其他人看着我是怎么给小孩穿衣服、怎么绑的。这样大家看着，下次就会了，不在现场学是教不会的。

何：您的家人有做飘色的吗？您有没有徒弟？您是怎么传承飘色的？

梁：我家的孩子都是做生意的，兄弟姐妹也没有专门搞飘色的，都是我自己一个人在做。徒弟十个八个都有，有一些已经五六十岁了，最年轻的也

①乾务镇文化站有个研究出来的传承谱系图表，从梁国栋到现在大概已经有10代人了。

40多岁了。我的侄子就是飘色队的。

我选择徒弟，选聪明的，我的眼睛是很犀利的，一看这个人比较熟练，做事动作快，思维灵敏，动作灵活，就选他。选的都是男徒弟，一般也没有正式的收徒仪式。跟我学飘色的这些人都是我去找他们，他们有些同意，有些不同意，原因很多，主要还是要去工作、照顾家、在家养殖鸡鸭等。跟我学飘色的这些人几乎都是农民，都是有空就会来学的。一般都是有活动时进行现场培训，特别是技术性的装配、装饰过程都是现场教，只靠口述是不行的。

锣鼓柜的音乐部分我不教，都是简单讲讲，因为我不会，这方面的东西我自己也不是很明白。只不过从事的时间长了，自己也可以简单理解音乐，就像吹梆黄，我一样跟着吹。有人问我，怎么没有谱子你都能演奏出来，我说，这些都是时间长了，慢慢听会的。现在用于飘色的曲子，我也保存了一些乐谱在家里。在音乐的传承方面，倒是有些问题，我们乾务曲社的那些人都已六七十岁了，只有个把人40多岁，我都已经80岁了，粤曲那方面以后可能没有人，现在只有粤曲学校还在继续传承，本村里已很少有人学习粤曲，音乐这方面的传承还是要加强的。

何：飘色每年都举行一次，有什么变化吗？

梁：以前是围绕3个村子的3台飘色，现在创新到8台飘色故事，故事的数量增加了。色柜最早是由2组各4个人抬的，中间换人，2005年我安排一个队12人替换抬。2008年色柜改为用小车推，推着就比较好了，抬柜毕竟掉人的危险系数大。抬柜时，要有两个人用棍子顶住，然后再接驳，不然是很危险的。

飘色巡游时，如果是多台色柜，尽管表现不同的故事内容，也只有一个锣鼓柜。

何：飘色活动每年都在什么时候举行？每一次飘色巡游您都来参加吗？

梁：飘色活动主要在每年的元宵节举行。元宵节这天，舞狮舞龙、八仙过海、跳舞，什么都有，多种形式，飘色活动是其中的一个主要表演节目。

2005年、2018年，乾务镇举行了美食节，同时也举行了飘色活动。飘色活动一年并不只举行一次，可能有若干次。我有时参加，有时没有。

何：巡游的路线有没有一定的讲究？

梁：没有什么特别的要求，但最好选择一些平坦的路，主要是安全第一，要保障人员的安全。

何：锣鼓柜平时会单独去外面演出吗？

梁：锣鼓柜有时会单独去外面演出的①，比如乡亲们结婚、生子、会庆等这些喜事都会用到。白事也会用到，但喜事和白事的演奏曲目是不一样的：白事的吹二流曲目，喜庆的就吹正牌的曲子。白事的锣鼓柜和结婚时用的锣鼓柜也是不同的，它们的装饰都不一样，白事的挂白布，喜事的就挂红球。

锣鼓柜与色柜一起进行飘色巡游时，也会单独有自己的装扮。比如有一个牌匾，顶上两头绑两个红球，更大的红球绑在锣鼓柜上面；巡游时，牌匾排在前，锣鼓柜紧随其后。

何：飘色活动进过社区吗？或者走进学校去讲飘色吗？

梁：有，把色柜推到学校，色棍也带过去，然后用人字梯把小孩绑上去，试试受邀小孩的胆量，让小孩子现场感受飘色的魅力，体会带来的心理承受和愉悦快感，同时，也了解飘色的制作过程所带来的创新意识。

---

①斗门锣鼓柜已有几百年历史，锣鼓柜是一个宽二尺、长三至五尺、雕龙绘凤的四柱亭子式的木柜，内悬大铜锣及放置沙鼓等敲击乐器。2007年3月，斗门锣鼓柜列入珠海市第一批非物质文化遗产名录。

何：飘色去外地的演出经历有哪些？得过奖项吗？

梁：我们曾经去过佛山、澳门等地。在澳门时就演过《八仙闹东海》（《螃蟹过江》）、《喜鹊练梅》。

我们的飘色没有获得过什么奖项。第一次在珠海市文化馆演出时，那时我是作为传承人代表去演出的，获得过一张红色的奖状。

何：您作为传承人，在组织飘色活动中，最困难的是什么？搞飘色对人的身心有没有好处？

梁：最难的就是组织人员，也就是找人，因为现在这里搞飘色的人，确实已经不多了。

现在的群众很多没有见过飘色，感觉比较新鲜，将这种传统文化继承下来，不仅有意思，对年轻人来说也比较新鲜。有的群众就说，这是对传统文化的回忆，能够知道飘色的历史，直观地了解这一传统文化，并通过飘色了解民俗。

我自己搞这项活动，看到群众、领导对自己的信任，心情会很开朗。有时一投入进去，只考虑怎样把它制作出来，烦恼的事情似乎都没了。巡游时，有时在锣鼓乐队中吹唢呐，心情也不错。

何：对于现在的乾务飘色，您有些什么希望？

梁：希望飘色能够发展得更好。我也有意愿要做一台新飘色，想再造一台新色的花木兰，我自己已构思好了，材料就用旧的色棍，现在的几条色棍还是可以再利用和创新的。我希望，传承飘色的人要一起努力在原有基础上进行创新。

现在培养飘色队伍也是比较难的事情，人们基本上都出去工作，把人找回来做飘色不容易，如果找一些年轻力量来接力更好，我会协助教他们。

我希望飘色永远传承下去，它是中国的非物质文化遗产，是中国的民间文化瑰宝。

访谈后记

在第二天访谈结束之际，梁广桓先生在乾务镇文化站的支持和帮助下，专门为我们的采访摄制团队组织了一次飘色表演，内容就是《喜鹊练梅》，让我们又一次直观感受了飘色活动从化妆、上色、绑扎、穿衣、巡游、音乐、卸装等的全过程。这又是一次非遗之旅。

珠海淇澳端午祈福巡游

广东省非遗传承人钟金平访谈录

开篇文题[①]：钟金平，男，汉族，1945年1月生，唐家湾镇淇澳村[②]人，在淇澳钟氏族谱中为第17代传人。1953年就读于淇澳小学，1959年就读于唐家中学，1960年辍学，后一直务农，做过个体经营者，开过运输船。老年致力于淇澳村的文化建设，任淇澳老人协会会长，指导建设了淇澳村民舞台，于2000年组织淇澳曲艺社、醒狮队，服务于淇澳社区；主持编辑了村史性质的书籍《淇澳的前世今生》，并创建了珠海市唯一的村级电影队，每个月为村民放映两场电影，坚持十余年。

钟金平于2010年发起恢复淇澳端午祈福巡游民俗传统，组织人员、筹措资金，使这一优秀民俗得到传承。淇澳端午祈福巡游是流传于珠海市唐家湾镇淇澳村的一种民俗，至今已有160多年历史。巡游历时5天，从农历五月初一开始，持续至初五结束。

①本文为广东省非物质文化遗产代表性传承人口述记录工程（项目编号X-15）、珠海市金湾区文化广电旅游体育局“珠海市金湾区建立传统音乐非遗传承基地合作协议”项目（项目编号2019KYHX14015）、教育部人文社科百所研究基地中山大学中国非物质文化遗产研究中心珠海站（珠海科技学院）研究成果。

②据明嘉靖《香山县志》卷一《风土志·形胜》记载：“长安乡恭常都，故延福里恭字围、常字围，在县东南一百里。一百二十里内，村二十二，曰：上栅、北山、南大涌、圃袖园、界涌、那州、蚝潭、东岸、下栅、神前、楼前、网涌、鸡拍、唐家、翠眉、灶背、上涌、南坑、吉大、前山、沙尾、奇独澳。”后于清康熙二十三年（1684），正式易名为淇澳。

淇澳端午祈福巡游于2013年5月被列入珠海市第六批非物质文化遗产代表作名录；2015年11月被列入广东省第六批非物质文化遗产代表性项目名录①，也是唐家湾镇第二个成功申报省级非物质文化遗产名录的项目。钟金平于2014年5月入选珠海市非物质文化遗产项目代表性传承人，2017年4月入选广东省第五批非物质文化遗产项目“端午节（淇澳端午祈福巡游）”代表性传承人。

我们的访谈从钟金平的自我介绍开始②。

一、学习工作经历

何平（以下简称何）：钟先生，您好，很高兴您能接受我们的采访，请您介绍一下自己的基本情况。

钟金平（以下简称钟）：1945年1月7日我出生在淇澳的一个普通家庭，是地地道道的淇澳人，今年已76岁了。我们家有5个男孩，我是老三。爸爸钟丽华，在村里干一些村事务，大伯钟品华，也在村里帮忙，什么都做，我就生长在这样一个家庭。1953年上小学，就是在淇澳岛上的淇澳小学③，小学毕业前一直在岛上。中学是在唐家中学，在岛外，1959年上初中时，刚好是我们的农业缺水、干旱，年岁不过关，吃不饱的时候④。我只念到初二，就跑出来打工了。本来我是喜欢上学的，但是那个年代，农业歉收，吃不饱，我们

①广东省第六批非物质文化遗产代表性项目名录扩展项目名录中，江门市鹤山市“古劳三夹腾龙”、潮州市饶平县大城所“端午节游旱龙”、佛山市顺德区“龙眼点睛习俗”，这些与“淇澳端午祈福巡游”合为“端午节习俗”，项目编号X-15。

②采访时间：2021年11月22—23日。采访地点：珠海市唐家湾镇淇澳村村史馆、传承人居住的唐家湾镇淇澳村五四街161号。

③淇澳小学，前身是1939年淇澳岛村民借村里各祠堂庙宇，开办的淇澳中心学校，“文化大革命”时曾经是一所由小学至高中的完全学校，因办学条件不具备，几年后改为小学。1985年为纪念苏兆征，改名为“兆征学校”（资料来源于《唐家湾镇志（1524—2013）》，第155页）。

④指“三年困难时期”，从1959年至1961年期间由于“大跃进”和人民公社化运动中的严重“左”倾错误，加上从1959年到1961年，中国农田连续几年遭受大面积自然灾害所导致的全国性的粮食和副食品短缺危机，新中国面临成立以来最严重的经济困难。

在学校住宿，条件又很艰苦，我想做人怎么那么苦命，就辍学了。

我的第一份工作是唐家后环7002部队营房建设工程施工队的工作，就是部队营房建设工，虽穿军装，但没有入伍，不属于部队的正式编制。我在这里工作了六七年，学说普通话，学做人的道理，也学会了盖房子的技术，这些为我人生种下了好种子。1967年，我与本村女青年结婚后，就回村工作了。

回村后，我就搞些修修补补的工作，什么都做过。如给人理发，每次只要五分钱，原因是我与我爱人结婚，想给她留下一个好印象。我爱人是名教师，我口袋里有一块钱，我也要留给她七毛钱。我还做过防水建筑、开运输船、开饭店、开发廊、开冰棒厂等工作，我从广州买了部制冰棒机，做夏天吃的冰棒。因为我本身在部队就是搞水利建设的，20世纪70年代时，还担任了淇澳大队水利工程队队长，工作做得好还得到大队奖励。大概在1978年，开始分田到户了，家里分了13亩地，这是我人生的一个转折点。我从集体工作转到了实实在在的个体户，是淇澳岛上最早的一批个体户。

那时候，淇澳岛还没有通外面的桥，在这样的情况下，最需要的是改善交通，我就去投资了客货运输，从淇澳岛出去，一天往返跑好几趟，又装建筑材料，又送人员。直到今天我的3个孩子中，除了三女儿在澳门工作，其余2个儿子，还有孙子还在开船、在海上跑运输。

我的小孩都住在香洲[①]，他们都很听话，工作都很忙，要和我一起搞巡游活动，时间总凑不到一块，所以一直没有参加什么活动。我现在的生活来源主要靠一些退休金和老人补贴，我虽然是个体户，但我一下子交足了到60岁的共计15年的社保，所以也有不多的退休金。

在这个开放的时代，当我50多岁时，又萌生了新目标，要为淇澳做两件事：第一件，想办法组织起老人成立老年协会，有了自己的协会，老年人腰杆会直起来。经过许多周折，在《珠海特区报》记者的支持下，最终在2005

①香洲区是珠海市的一个区。

年，珠海市老龄委[1]批准了我们的申请，我们终于有了一个持证活动的老年活动中心了。

这件事对我有很大的激励作用，我就考虑完成第二件事：恢复淇澳岛的祈福巡游。我们淇澳岛于1949年前曾经有过端午巡游活动，当时在淇澳可说是深入民心的，大家都很热爱，也都积极参加，在当今情况下，怎么重新恢复呢？我开始走访一些地方，查阅资料。

二、淇澳端午祈福巡游和打醮活动

何：请您讲讲淇澳端午祈福巡游的情况。

钟：端午祈福巡游是淇澳岛的一项特有的活动，老人们一提起端午巡游的缘由，心里都不是滋味，说来话长。这项活动起源于1833年，当年英国鸦片贩子侵略我们淇澳岛，要建造一个鸦片加工厂，赚鸦片生意钱。后来鸦片贩子看我们不理他们，并且很坚决地反对，发大火了，隔三差五派十多条船跑到淇澳岛村前的海面上，又对我们村放炮，又上岸打人，村民们很愤怒，就组织起来反抗。但是互相硬碰，很多时候我们会吃亏，后来我们运用了自然界的天文大潮：当年农历十月十五日，鸦片贩子的船开进我们村海面上，天文大潮使海水涨得满满的，岸边的红树林全部淹在水中，成了一片汪洋大海。这时我们的老百姓很齐心，用计将他们的船吸引到我们海边，就在靠近我们村边的天后宫门前，就这样，越靠近搁浅的机会就越多，时辰一到（9、10点钟时），我们便冲出去，把全部十余条船扣留。鸦片贩子成了我们村的活动靶标，我们打沉了两条船，还打死了两名外国鸦片贩子，他们没有办法，就举白旗投降了。

在淇澳岛，抗英胜利的主要原因，当时大家都明白，是利用了大自然的

[1]指珠海市老龄工作委员会办公室，成立于1986年6月，主要负责承办市老龄工作委员会的统筹、协调、指导、督促和检查等各项老龄工作，钟金平的老人证即是在此处办理的。

天文气象，涨潮必有退潮，没有退潮就不会有涨潮。村民掌握了天文气象，利用了大自然的威力，这是打胜仗的主要原因，用我们淇澳岛草根的话来讲，这是天地作用。抗英海战巧妙利用了天文现象，我们要感谢老天爷，大自然是公平的，帮了我们。这里的农民很单纯，也很低调，祈求风调雨顺，祈求大自然多帮助劳动人家。这是巡游活动肇始的一个重要缘由。

巡游活动，是后来在抗英战争胜利30周年时提出的，也是由于珠三角手工业兴旺发达才能做到。我们淇澳岛以前有个叫钟宝的老乡，是开餐饮的，受皇帝所托组织收复台湾，取得了巨大胜利。台湾那里，很精明地搞了个海岸线，搞得比较牢固，我们没办法上去。后来淇澳人钟宝，就利用晚上退潮，台湾守军呼呼大睡时，通过泥板、滑板等办法偷偷登陆，俘虏了守军，全歼了他们。事后，皇帝表扬了钟宝等一批人，同时把中山民众镇附近的一大片土地划分给淇澳岛，供淇澳岛开发、利用、出租，为淇澳岛的经济做补偿，同时，给了好几门大炮，作为维护淇澳的政权之用。

正是有了这种种机缘，所以在1863年抗英胜利30周年时，搞了一个巡游活动。淇澳岛人用皇帝拨来的土地进行开发的收入和其他村的经济收入，组织了淇澳岛抗英胜利30周年端午大巡游。为什么战争日子是10月15日，巡游却搞到端午节的五月初五？因为当时的抗英海战胜利与天文、海潮、大自然的现象有着千丝万缕的关系，巡游活动改在五月初五端午节进行，其中也饱含对大自然、龙舟水的一种敬仰。在这种动力下，一个只有2000多居民的小山村才想要举行巡游活动，虽然开支挺大，但当时还是有这个经济来源和后劲的，于是1863年进行了第一届端午祈福巡游活动。

这件事说明，淇澳岛是一个有故事的海岛。1833年淇澳岛反击英国鸦片贩子的胜利，与广州三元里的抗英斗争的胜利，正说明我们中华民族的魂是连在一起的。

2006年，我开始着手恢复端午巡游，琢磨、写材料。我能做这件事，与村里人对我信任也有很大关系，他们相信我能干成这件事。2006年刚开始恢复时，巡游活动叫“菩萨出游”，巡游的内容和其他一些情况，我是在大伯那里有些耳闻、眼见，因为小时候是跟着他屁股后面跑的。在唐家湾文化中心的大力支持下，2013年5月，淇澳端午祈福巡游被列入珠海市第六批非遗代表作名录，2015年11月又被列入广东省第六批非遗名录。后来大家推选我当老年协会会长，我说："会长我就不当了，顾问我当吧。"但是后来，在当了几年副会长后，还是当了会长。端午巡游活动中，我只是一个发起人，跟踪、监控活动，想不到会成为代表性传承人。我一生爱好文化、爱好书籍、爱好写写，也爱好粤曲，这些与我生活中的点点滴滴都有牵连，所以说，我在淇澳是幸运的，能为大家干一点点小事，也是我作为一个村民的职责，感谢大家的信任。

1863年抗英胜利30周年时的端午节开始有巡游活动，这是有记载的，断断续续地到现在。1949年以前每年都搞，我大伯是组织者，在活动中读祭天诰文，1949年以后停了，搁了60年，直到2010年又开始举行了恢复后的第一届。以前没有巡游活动，但有打醮①活动。

何：请讲讲这里的打醮活动。

钟：打醮活动，祖上就有，三年一醮，用竹竿、竹篾扎纸人，纸人有好几丈高，活动要搞六七天，有三四个戏班，24小时不停地唱戏。因为钟宝打台湾立了功，皇帝给我们拨了土地让我们开发，我们就有了固定的资产搞活动。

打醮活动每天24小时，唱戏要唱几天几夜，只要你有精神，就可以踏踏实实地在此看戏，可以一直看到这个剧团演出完。表演时，外面的船也会专门一窝蜂地过来这里看。神台是用竹竿劈成边料做成的一个箩，有两三丈高，还有十八罗汉、一个菩萨，唱完戏，就把神台原地烧掉，实际只用它七天。最重要的是打醮时是要净身的，不能搞得乌乌糟糟的。

①打醮，原为道士设坛为人做法事，是求福禳灾的一种法事活动。后来演变为冬天农闲时，农民为了感谢神灵带来的一年收获，祈求来年风调雨顺、五谷丰登，在一个特定时间开展的一些祭祀活动，以此来祈求上苍的赐福与庇佑。

据记载，那时有个戏班的老板，前面大家签合同时就说好，这几天要吃斋、吃素；如果有咸鱼、香肠，不要带进岛上；要净身，洗干净身体去参加演出。那个演戏的大哥呢，吃了几天斋就不行了，偷偷把咸鱼塞进一个装戏服的木箱里，我们村民去搬木箱，在路上这木箱起烟爆炸了，戏班老板就要我们村赔钱。可是我们说，我们和你讲好了，你违背了承诺——这个戏箱里夹着香肠、咸鱼。尽管整个戏箱的演出服都被烧了，我们最终一分钱也没赔给他。

1863年开始，规定每年端午节不再打醮了，仅搞巡游活动，现在打醮活动在这里没有了，其他地方还有没有，就不太清楚了。

何：请讲讲水潮爷爷和蔡二将军。

钟：淇澳村在800年前就已有人在这里定村住留[①]，在这里打渔，在这里休息。那时没有村庄，水潮爷爷是第一个登岛的客人。据老人家传下来，有天晚上，刮起很大的北风，掀起很高的浪，渔船没有地方抛锚，就都跑到祖庙湾那里去避风了。天亮了，有一尊木制的菩萨让前一天晚上的风浪打到一块圆石头上面，坐在圆石头顶上，好像很体面的样子。那块石头现在还在祖庙的广场门口，圆圆的，对开两三丈远就是海边。这些渔民醒了之后，就想这个菩萨晚上怎么会跑到这里来呢？心里不明白，就跪地拜这个菩萨，在那烧香，跟菩萨说："今天晚上我就送你去到急流那里。"第二天他们把菩萨送到那个有急流的地方，和菩萨说："如果有缘，你今晚再去靠岸，上淇澳岛，如果没缘呢，你到其他地方去方便吧。"第二天晚上，也是那样的狂风，也是那样高的浪，天亮时，结果和昨天一样，这个菩萨也是坐在原来的圆石头上面，坐在那里——一个木制的坐像。村民们就觉得有些神得不可

①据《钟氏族谱》所记："钟氏之先出于颍川（今河南禹县一带），后迁淇澳……宋钦宗时，淮州（今河南泌阳一带）失守，钟公初裕乃迁南雄珠玑里（今广东南雄市珠玑里镇），其后遂以为家。淳祐四年（1244），我祖因避皇妃之难，流寓淇澳……"

理喻了。后来，有个渔民就在地上跪拜，请菩萨在这里安生，就在这里开村，他搭起草棚，把菩萨安放在里面。这个故事就是水潮爷爷选中淇澳安家乐业建村的故事，他也是第一个登岛的客人。

蔡二将军，是水潮爷爷来了好长一段时间，在他登岛建村以后，搞得有一定规模的时候，从抗英广场那个大水沟里漂进来的。漂来时在水面上，一个蔡姓村民就把他捡回到岛上，但不知这菩萨叫什么名字，不过村民觉得这个菩萨有意义，害怕台风来了又把他吹走，给他安个家吧，可又没有地方安家，怎么办？蔡姓村民就说，是我捡的干脆就放我家吧。这个菩萨是第二个漂来淇澳的，排行老二，又跟随了蔡姓村民，这样就叫蔡二了。蔡二将军是站立像，是个武将，有武功的形象。

这两个菩萨对淇澳的贡献在于，水潮爷爷是开村的见证人；而蔡二将军在英国鸦片贩子的船侵犯我们村时，在村民的心里支撑起了气势，当时没有人顾虑那是个假的。再者，种地的村民面对那么强大的强敌，怎样去坚定他们的信心，心里确实有些犯难，那么老人家就想不如把蔡二将军请出来，他是个习武的武像，看看有没有用处，结果就搬出来，烧香、磕头，请他坐镇。整个过程只是传说，到底他有没有发挥作用，谁也不知道。在这种情况下，村民利用天文地理，大潮必有大退，引诱敌人进来，退潮了，船搁浅了，在那里动弹不得，就像切猪肉，你想怎么切就怎么切，搞得英国船大败、赔款。

淇澳岛从有村记录开始都是靠天吃饭的，没有风调雨顺时，人们就饿肚子。老百姓的思想充满对神的期望，这些也正常。就村民觉悟来讲，如果现在弄不懂蔡二将军在这场战争中到底起了什么作用，那么起码有鼓舞人心的精神激励作用。就好像我们有个指挥官在这里，看着你怎么做事，站在你面前，给你壮胆，你就有了底气。可以这样认为，现在来看这个胜利，里面是有一些精神作用、心理作用的。

这两个菩萨都是外来的，是我们淇澳岛独有的，唐家、香洲、下栅、金鼎等地都没有这种菩萨，只有我们村才有。先有水潮爷爷，后有蔡二将军，其实这期间又隔了很长一段历史时段。现在最原始的雕像没有了，现在的水潮爷爷可能做得要早一些，原始一点，蔡二将军是我去加工的，我在工厂和雕塑的老师傅说明，这个塑像该怎么做，大家商量，比如他的手里要拿个剑，就是那种刺人的剑，拿个剑就像个习武的人了。

三、关于淇澳端午祈福巡游的事象

何：巡游中有一个洗菩萨的仪式环节，是不是这里独有的风俗？

钟：洗菩萨风俗是有了端午巡游活动时才开始有的，这之前是没有洗菩萨的。现在的端午巡游，是五月初一把菩萨接出来，初一、初二、初三都可以洗菩萨，看天气情况。初四是过节，初五上街。我们淇澳是只过五月初四、不过五月初五的。因为以前好长一段时间，贼人专抢掠人家东西，过节就专门来淇澳抢东西，你养个猪啊、牛啊，他们都拉到船上去。

现在洗菩萨已是端午巡游活动中的一项重要仪式内容了。

何：端午祈福巡游整个过程都有哪些重要仪式？

钟：洗菩萨是一个仪式，把菩萨洗干净，换上新装。现在菩萨哪个宫都有，天后宫、祖庙都有。

以前接菩萨出来的有三个坊：东溪坊、中行坊、旗西坊，三个坊的三个菩萨从庙里被护送至行宫。就是初一把菩萨接出来，在行宫这里给他洗手，换新衣服，初五就上街，巡游完了送回庙堂，东庙的菩萨就送回东庙，妈祖庙的就送回妈祖庙，三坊各搞各的。

现在是：前期，即初一到初三各搞各的；端午，即初五这天全部统一搞，组织起来巡游。请菩萨出来时三个坊的三路人马聚在一起以后先互拜，东溪坊是大哥，居中，然后是中行坊、旗西坊。互拜完后巡游，巡游前有一个读祭天诰文的环节，原来是由我大伯读的。

现在的菩萨包括：有体现当地人民对自然敬畏的水潮爷爷，体现对民族英雄崇拜的蔡二将军，对海洋文化传承的天后娘娘，以及三山司马、诸葛亮等若干尊，端放在两顶轿子内。

现在祭天仪式的诰文是我作为主持人要读的。原来小时候我大伯读过，但那个版本现在没有了。今年我按照记忆和大伯交代的要点，写了一篇祭天诰文，但是还没在仪式上读过，所以我就把这个祭天诰文版本，给文化中心看了。

祭天诰文是今年才写的，以前有祭天，但没有诰文，那时，祭天就拜一拜；还有准备要烧的纸扎衣服（诸如男装、女装、西装）、纸的钱（如古纸、金银纸）；随后烧掉它们。

何：您大伯的祭天诰文有没有留下些文字性的东西？

钟：没有。但是我四五岁就跟在大伯后面看他们做巡游的事情。我大伯做这个事是很专业的，他那时是村里的文书。

我为什么对巡游有这么多感想呢？因为1949年以后，就没有再搞了，村里把巡游的道具都卖了，我爸爸当时买了巡游时规定戴的草帽，那些草帽，是巡游时每人发一顶的。爸爸在家里没钱的情况下买了几顶回来，妈妈就说：“今天晚上灯油、盐都没有了，你还买了草帽，你干什么啊！你当老师的，怕晒啊？”两人吵得很凶，我心里就不好受，总在想，到底爸爸妈妈为什么吵架，就因为买了几顶草帽？我对这件事印象很深，不就是端午巡游不许搞了，处理一下那些物品？那时候也不太贵，两人为买几顶草帽还争吵。

现在想来，爸爸妈妈或许都是对的，他们一个为民俗，一个为生计。

何：您认为巡游活动时，什么时候最有气氛？

钟：在祖庙搞完祭天仪式，在广场这里列队集中时。这时你要注意安全问题、距离问题、队伍的队形问题，因为这时你跟他、他跟他，现场很乱，一窝蜂似地，你争我抢，有人要合队，但路又窄，这时要瞻前顾后。巡游开始的最旺处，是文化站领导宣布“巡游开始！”

人们的情绪是一次又一次地被调动起来的，单个环节是影响不了情绪的。你说看菩萨就专看菩萨，没有这种情况，因为巡游路线中有几个表演点，炮台门口、抗英广场，都是表演点，在这里看表演，你喜欢放鞭炮就放鞭炮，想做什么都可以。那些巡游队伍里的人，舞龙舞狮表演下，以及喝口水，稍休息停留，这些他们会自己安排。

何：淇澳岛的巡游路线是固定的吗？有什么讲究？

钟：历史上就没有固定过，哪里通走哪里，但是有个总的规律，即从这个开始站走到那个终点站。这要有个概念，不要锣鼓响了，就一拥上街，还不知道怎么走，那是不允许的。第一届时，我们试探性地从祖庙出发，途经东澳古庙、文昌阁、观音阁、天后宫、白石街回到祖庙。

虽然巡游路线以前也经常改，但主要地点不改，整体也是有它的套数的：初一接菩萨出来，从庙里接到行宫，到行宫这里给菩萨洗手、更新衣、化妆，初一到初三就搞这个，三个坊各搞各的；初五以东溪坊为主，其他两坊拜完东溪坊后统一集中在一起，整条村一路跟着一个坊按线路去巡游，每年因为有些盖房子了影响了路况，就改变一下，没有固定的路线，这里堵了，改一下从那里拐，三坊都是一起搞的。

何：从开始准备到巡游大概需要多长时间？资金情况怎样？

钟：最少要5个月。准备购买些东西、订货之类的，大家讨论，要给人家一点时间去准备。

说到资金，以前靠阿爷（也就是祖宗）留下来的一些田地收租，皇帝因钟宝平定了台湾，拨了土地给我们收租，中山的地给我们村里收租，所以全部花的是公款。

第一届是试探性的问路，庙会那里捐了10多万元，还有些道具；我们老人协会，以及曲艺社、舞狮队，统统都并进来，壮大效果。结果2010年首届恢复祈福巡游打响了头炮，在有关部门支持下，还上了电视，很轰动。当时因为淇澳岛是一个孤岛，车进来，路堵得很厉害，车子都没地方停，很轰动，都说淇澳岛恢复端午祈福巡游了。

第一、二届都是文化站给我们的资金，这些钱主要花在买道具上，如每年的更新换代，要维修、要添置；你让成员来上班，一回来就是大半天，几百元一天的误工费，你要给。对于这些资金，尤其别人捐赠的资金到位以后，就由老人协会的财务管理。老人协会对巡游给予了很大帮助，是协办单位。

巡游活动主要靠老人协会的义工干部，什么事都找他们，老人协会与庙会形成了合作关系。要搞好一次端午巡游，两者必须要像上唇与下唇一样紧密合作，没有上唇，下唇吃不了东西。老人协会与庙会唇齿相依，庙会供应所有道具，老人协会点兵领将，其他的诸如误工补贴、跟踪补助、每年要更换的巡游服、税收、宣传费、彩排费、摄影师的摄影费，以及每人发一顶草帽、一条毛巾，免费派发的小月饼、小茶果都由老人协会负责开支，每次活动资金都比较紧张。

何：除了2010年那次比较轰动，您认为还有哪一次做得比较好，特别让人满意？

钟：那些年淇澳大桥的路老是堵塞，上面说要小搞，不要大搞，大搞会堵塞路，给大家添乱。2019年巡游活动恢复10周年时，举行了第十届①，那次上面说可以大搞，就拨了10.8万元，搞得像模像样的。2020年没搞，2021年准备加一个非遗进校园的内容，搞一个小方阵，原来是没有的；因为要投资道具，上面就拨付了12万元，后来因为新冠疫情的原因就停下来了。

---

①指2019年6月7日，由珠海市高新区社会保障和公共事业局主办，珠海高新区（唐家湾镇）文化中心承办，珠海市唐家湾镇淇澳社区委员会、珠海经济特区唐家镇淇澳工贸公司、珠海高新区淇澳老人协会协办的第十届珠海市高新区非遗文化节暨淇澳端午祈福巡游活动。

四、徒弟、传承、仪式

何：和您一起搞活动的人，都是多大年龄？您主要传承给他们些什么东西呢？

钟：大的80多岁，小的40多岁。整个群体年龄偏年轻，四五十岁的多些。

主要传承的是端午巡游的整个仪式，仪式要有一个主持团队，但一个团队它会老的，没有年轻一代，传承就断崖了。

端午巡游活动，没有师徒之分，没有文化之分，也不牵涉宗教信仰，没有这种分别，有的只是民俗，只是一个季节性的祈福活动。巡游队伍除了舞狮、舞龙、击鼓这些有规律的、要专人去搞的内容，其他的都是出体力劳动就可以了。

一般一条龙有10人舞龙；巡游时有一个不用吹奏的擂鼓队，只有打鼓，要七八个人。打鼓应该是有谱子的，因为我不是搞这项的，所以不太清楚，我是搞“五生五熟”、雕像什么的，舞龙我也不太懂。

何：参加的人员是自愿去的还是您去发动的？徒弟中有没有特别热爱的？

钟：有一部分是自愿参加的，有一部分是要打电话发动的，我们是以报名为准。现在有几个不错的徒弟。总的来说，就是做一行爱一行，要不你就不要做了。

现在我有13个后继传承人[①]。蔡银结[②]就是一个很好的传承徒弟，她做事很投入，这项活动原来是没有妇女参加的，因为巡游从祖上传下来时，就认为妇女有时候不方便，所以从来不用妇女。但是她呢，一个顶三五个，你再

①指2020年时定下的13位传承徒弟：钟教、蔡浚、钟世廷、钟伟文、郭结南、王结良、蔡云渌、钟有东、钟德权、钟挪、江少伦、郭少强、苏有洪。

②蔡银结，唐家湾淇澳村人，自2016年起担任淇澳村史馆讲解员，至今共为到访游客、学校师生义务讲解12 600小时，服务18万余人次。

不用好像解释不清了。如果她没有这种精神、没有对文化的这种事业心是不行的，像她这样愿意干，别人才会点头。当然，她还需要一段时间磨练。

何：进校园是怎么做的？

钟：今年已是第三年进校园了。第一、二年，是给学生上课，好像我们现在这样，就是探讨保护工作、传承给年轻人等，讲讲巡游过程、准备方案、社会影响，很多的，我都去好几天，亲自讲。

这次把非遗进校园活动搞进端午节巡游，增加一个校园方阵，让学生从小有所见识，这样做也是社会的一种趋向，所以今年小学生的道具已经买回来了，但是还没有具体实行。

何：巡游活动去过哪些地方？有没有参加过什么比赛、展演？

钟：目前没有，就是一个乡搞，最远的就是去斗门①，没出过珠海。因为人多开支大，当年我们去斗门，两辆大巴，一辆大货车，人坐大巴，道具用大货车，五点多钟就集中上车了，开销是很大的。我们在这自己奋斗了，不想跟外面争什么，这里是一个很有乡土气息的地方，我们就想主体发挥效力，将这项活动搞好。

何：舞狮队是专业训练的还是临时凑起来的？您的个人爱好是什么？

钟：老年舞狮队是自己凑起来的。但是学校的舞狮队，每星期六、星期日会有人过来指导的。我也没有什么特别的嗜好，一点烟也不抽，也不打扑克。爱好就是美术，这个是我画的画——淇澳牌坊。

①指2017年在斗门区体育馆开展的斗门区第十三届民间艺术大巡游，其中有淇澳端午祈福巡游方阵。

何：您觉得巡游活动对我们中华优秀传统文化有没有什么传承或者教育意义？

钟：太深奥的道理我不懂，但是既然大家都有意愿恢复巡游，就总有恢复巡游的原因，那么至少要把村里的思想统一起来，才好做工作。巡游对我个人来说，不是为了什么好处，只是有时候，这里的工作只能靠社会的骨干和协会的骨干，他们无私地去工作，没有讲价钱，都是诚心搞一件事。我们全村能够活动的核心人物一共有18人①，到今天为止，我都没有私自请他们吃个饭什么的。我们开会都是老人协会的干部，在居委会办公室，讨论一下上面的工作要求，全村人怎么办的问题。搞巡游活动，大家是很齐心的。

何：谈谈关于巡游道具的一些情况，那些道具什么名称，起什么作用？

钟：淇澳村的端午巡游从1863年开始，就成为一个老例儿了，这个文化不是一天一年搞出来的，是经过一百几十年的传承，成了一种村里的文化。

巡游一开始是在祖庙门口，摆上祭品、烤猪、“五生五熟”，以及其他需要的东西；向天祭诰，要烧一些冥钱给逝去的人，也祈求百姓永康。接下来就是巡游。

1．首先是大铜锣，鸣锣开道。一对的两个铜锣挂在一起走的两个人分别扛着的大旗的旗柱上，一左一右，旗面一个向这边，一个向那边，形成对称，一个人喊着鸣锣开道。现在展示的是最小的一套，大的铜锣直径有七八十厘米。我们一共四个方阵，四个方阵就是三号锣（即六个锣）。打大铜锣的击法是11加3：单下，敲十一下“pang”；最后结束一下，是连击三下“pang”。这个是有规矩的，心里要有数。

2．接下来是圆形的灯笼，成双成对的，一对两个，一个人扛一个在肩上，寓意神灯引路、前途无量。这是我们村认为还得扩大参加巡游的“朋

①除上述13位传承徒弟外，还有钟观毓、钟少奇、钟玉仔、钟建庭、蔡银结5人，共18人。

友”，在早两年才加进来的。

3．第三个是头牌，大的、方的，顶上面有个横杠，横杠两头有飘带，很漂亮，好像放大的锦旗一样，一个人拿一个，寓意威严四方、关照岛屿。头牌一般是摆在巡游最前面的。

4．接下来是很长的三角形大旗，它是面一丈多长的很大的长三角形旗，有个旗杆柱子，竖着打开，风吹起展开成很大的面积，很拉风，大旗上面绣着龙、凤、花草等，四五个人操作一面大旗，其中一个拉旗尾，寓意包容纳财、幸福无量。有四面这样的大旗，一个方阵一面，我们有四个方阵。

5．下一个叫纨扇，也叫锣伞，每一个大旗方阵有两把锣伞。寓意圆圆美美、龙腾狮舞，象征和谐幸福。

6．接着是中号的头牌，前面那个头牌是大号的，现在这个中号的寓意是量福纳森、广接福源。

7．接着是“五生五熟”贡品：五生贡品代表生生猛猛、活活鲜鲜；五熟贡品代表喜庆丰收、雨润心田，更代表幸福生活一步步靠近我们。

8．再下面是轿夫抬的两台神轿，是用来抬菩萨的，菩萨放里面。第一台寓意神音载细、造福人间；第二台寓意神护山川、光耀全岛。两台轿，两套人马，抬有水潮爷爷、蔡二将军等菩萨神像。如果两台轿能装得下，一台轿装三四个、四五个神像都可以。

9．下一个是蜈蚣旗，也叫百足旗，是一对（两个），一人拿一个，寓意百业兴旺、财源广进。

上面这些物件都有好寓头，都有各自掌握的发财门路。

10．重新恢复的巡游，增加了八仙过海塑像一台，寓意各显神通、造福黎民。

11．下一个是抗英塑像，寓意护岛保家、太平盛世。

12．再后面是船夫抬着的两条船，第一艘寓意一路平安、财通四海；第二艘寓意广交朋友、共谋天下。

13．最后是单彩和双彩。单彩由两个人放在肩膀上抬，代表风调雨顺、百福临门；双彩是三人抬，代表国泰民安、人畜健康。双彩后面就是舞龙、舞狮。单彩、双彩可以有好几套，如果举办的经济、社会环境允许，要大搞，我们可以开三个、四个、五个方阵的。

14. 还有些道具，是我们恢复巡游时增加的关于海洋文化的一些民间技艺，包括捉螃蟹、捉鱼、捉虾。我们通过民间技艺，反映了农民在岛上生活的基本状况，表现了我们的勤劳、乐融融的自家生活，好像是一个总结。在这些道具中，有些是单件的，有些是好几件。

15. 游行队伍最后压尾，是十多面小旗，又叫四季旗，样子像头牌，可说是小型头牌，它是填补空位用的，一般给一些年轻的小孩，让他们担。不过说是小旗其实旗子也不小，巡游两个小时，除了有表演场合停一下，巡游路上还是很辛苦的。整个巡游队伍大概绵延200多米，有200多人，很壮观。

16. 今年要增加一个学生的队伍，作为我们的非遗传承，多了一个队伍。

这些道具差不多有三四十样，不是一天半月臆想出来的，是前人在生活当中摸索出来的，是积累的成果。

淇澳端午的祈福巡游活动在沿海那么多村庄中，是不多见的，这是我们独特的沿海地区的巡游，是一个独特的文化现象。这些东西看似简简单单，真的要擂起鼓来，敲起锣来，那是震天撼地的，很壮观，要亲身经历现场才能感受得到。巡游活动有它的文化内涵，再加上放鞭炮，巡游过程中的派平安米、平安茶、平安符，舞狮又舞龙，这些叠加起来，相互运动、互相表演，很吸引人。我是农民，以前是耕地的，现在需要一些下海捉鱼摸虾的那些老工具，就在村里找，我们村就像个博物馆，找到那部分工具参加我们的海洋生活民间技艺团队，给大家一个记忆，把巡游活动搞得有声有色。

淇澳岛有个曲艺社，就是戏班，政府划了一片地给他们种，让他们养活自己，那时候我参加过戏班的活动，巡游活动戏班也要参加，后来我们就把原来巡游后的活动改成戏班唱戏了。

何：巡游活动的道具和服装制作有什么困难吗？

钟：巡游活动90%以上的道具都是订购的，以前这些也不是自己做，1863年那时，都是买手工的。现在我们有一个专门的服务系统，按照我们的要求做。有手工做的和机器做的，以前是没有机器做的，现在机器做的占80%，因为手工的要贵很多。但手工做的道具因为采用了丝绸，很漂亮，如闪闪发光的旗子，很亮很亮。

以前搞巡游活动没有统一的服装，现在我们每个人每个编队都有特别的巡游服，看起来整个美观程度就比以前好多了，但是以前的料子比现在的好，以前是用丝绸，手工做的，很靓；现在是用机器做的，料子也没有以前那么精致。已用过的服装，基本上40%～50%都还在用，没有搞铺张，因为资金很紧张，我们筹备活动的人觉得能用就重复用，整体讲，美观程度也并不比以前差。

何：巡游内容中，还有个抢头炮，就是放炮的活动？

钟：祭天仪式拜完神后就要放炮仗，由认炮的人去点炮。认炮是谁钱多谁抢头炮，一共3个头炮，在仪式前认定完毕。要求是，你先认个数，什么时候把钱送到，才算定下来。比如3000元一个炮，对所有人都一样，你3000元，我3500元，那么3500元的就放头炮。

头炮放炮时认炮人要亲自点炮，炮是木头的，用稻草绑起来，好似一个大马鬃，长度大概有60厘米，很粗，背向祖庙在前面放炮。炮打不远，就是个仪式，放些火花出来。炮可以再用，又不危险。

何：做仪式的祭品，事后都怎么处理？

钟：现在是按照报名捐购祭品的名单将祭品分掉，比如烧烤猪，只要你报了名，捐了200元，就分一份烤肉给你，分到烤肉的人，肯定就是捐了钱的。

放炮以后，要用烤猪肉拜神，它是主要祭品，大家报名捐购，一份不够可以两份、三份，反正一份一个名，你可以报你小孩的名，报你舅舅的名，四五份、五六份都可以。烤猪不上桌，队伍通过祖庙、广场、东澳古庙面前的那条路，进入南腾街之后，那些猪肉就可以分啦。

何：巡游路上都派发些什么物品？

钟：我们沿路派发的是一些叶仔、煎堆、菜角等小食品。

巡游时原来是不派发大米的，但因为我们本身就是农户，有耕地的，所以也派发大米了。早些时候，有些人在一些山沟的田里，种一种早熟的稻谷，叫“五月红”，四月底就可以收割，戳成平安米，端午节巡游这天，在路口搞个像锅一样的神祭竹篾，放些平安米在这里，来的游客可以要一点回去，与自家米一起煮，全家人吃，祈求平安吉祥。但现在没人耕地了，就用平常的米代替“五月红”了。

由于淇澳岛是海岛，缺医少药，淇澳人就用自己的配方制成五月凉茶，这是草药，有十种八种之多，村史馆里有记载。凉茶成分普通，但很管用，具有一定的防病效果，甚至可以治病。当时从广州、香港、澳门回来的老乡，不要什么，就要你给他准备些五月凉茶带回去。

还有就是平安符，在我的记忆中，以前是用手工做的，在黄色的纸上写些东西，就像打印一样地印在黄纸上，然后把这张黄纸叠成三角形，免费派发给本村和外地人，寓意保护身体健康，人逢喜事精神爽。平安符以前是去加工的，现在是从澳门购买的，一个两元钱左右。

那时候，各条巷的村民，如果你我住同一条巷，你搞了米了，我就搞凉茶，出来免费派发给大家，为的是保健、治病一起来，他们不跟巡游的队伍走，就在巷口派发。但派发平安符的人就要跟着队伍走了，派发的人穿长衫，见人就可以派发。在巡游的时间段中，穿长衫衣服的就跟巡游队伍不一样，他们是我们的派工。

五、关于“五生五熟”

何：巡游中有“五生五熟”[①]，讲讲这具体指的是什么，为什么要“五生五熟”呢？用的是什么材料，有什么讲究？

钟：五生，是指猪的内脏：猪肺、猪肚、猪小肠、猪肝和猪心、猪小肚。用它们做出各种不同的形象，表现出不同的寓意：用猪肺加一个孔雀的头变成了孔雀开屏，表示万事如意、吉祥大吉；把猪肚化妆成一个寿星公；用猪小肠做成拱门，供双鲤跳龙门用——两条鲤鱼跳过用红笔写有“出入平安”的龙门；猪肝做万寿乌龟的身体，猪心配在一起做乌龟的眼睛、嘴巴、鼻子；猪小肚，就是猪肠尿尿那个小肚，做一个寿仙头。“五生”用的材料不变，都是这些，形象可能有变，但变得不多，鼻子、眼睛都看得出来。

五熟，就是五种水果，可以生吃的，当时的季节生产什么水果就是什么了，如香蕉、菠萝，反正这个季节，你能拿到手的就行。也没什么讲究，就是五种水果，但水果一定要熟了的。

在淇澳人的心目中，五月份是最容易犯龙舟大水的、最容易出问题的月份。从历史角度来说，淇澳人打败了英国鸦片贩子，抗英胜利30周年时，把10月15日抗英胜利这一天纪念移到端午来，就是因为对端午的气候特别害怕，特别地拿它没办法，龙舟水可以水漫金山寺、可以把整个村庄搞平，所以我们对五月端午是又害怕又想和它做朋友。基于此，前辈们把抗英胜利日10月15日纪念活动改成五月端午的祈福巡游，用以纪念这场战争的胜利和祈福。

“龙舟水”期间，并不是水果成熟的时节。水果虽然最难熟，但我们仍热切希望五月是一个成熟的时节。“五熟”不是煮熟，是要在自然的生长中

①刚恢复巡游时的“五生五熟”是：五生为蜜饯果盘（莲藕、红枣、桂圆、葡萄干、椰角、冬瓜饯、蜜枣、糖莲子）、水果盘（橙子、葡萄、油桃一盘，苹果、菠萝、毛桃一盘）、海产盘（蚝豉、发菜、油豆腐）。五熟为烧猪、鸡、煎堆、粽子、茶果。

成熟。在粮食没有熟的时候，水果也没有熟，没有熟的水果不行，我们一般选热带的水果，但五月端午时也可以用苹果、梨等北方水果，所以“五熟”没有固定的品种规定，主要原因就是因为五月份水果熟的机会很少。这个看起来很矛盾，但是，我们祖上都做出来了，每年祈福巡游时给了五种水果。

“五生五熟”在其他地方很少见，在广东就我们淇澳有，在我们端午巡游历史上是很出名的，大概是每年都要做一趟的手工，已成为一门绝活了，我们的巡游活动恢复以来，还是在第五、六年才把它整理成现在这个样子的。

何：为什么“五生”用猪的东西，没用海里鱼类的东西？

钟：猪在农家里是最容易看见的收入，每家每户都要依靠的，你卖头猪，就可以买身衣服、买点农具，这是生活的来源，是标识性的致富源泉。家要好，就一定要有猪。所以将猪艺术化一点，把它化成“五生”，寓意是说家家富裕、共同富裕吧。

何：沿海的人以渔业为主，您刚才说家里有猪表现出家庭富有，那鱼不也一样吗？打完鱼卖，换回东西来？

钟：我们淇澳岛人是以半渔半农为生，“农”多于“渔”，渔业是副业，我们是生活在半副业半农业的状态中，我们需要海洋生活，但是以农业生活为主。

何：祖上说的是“五生五熟”，为什么不是“六生六熟”或者“七生七熟”或者像北方的“四平八稳”“四生四熟”，非得选“五生五熟”呢？

钟：“五生五熟”的原意就是在百分之百没有可能的情况下要保证百分之五十顺你的意，好像你来到我这里，没有玉米的季节你一定要吃玉米，搞得我难堪，下不了台，我就找个代替的来。这个“五”代表着我最起码做到了一半，一半我就够意思了。这个季节没有可能做得到的事，我搞到百分之五十就满分了。

何：祖上也是这个意思吗？

钟：祖上就没有一个标准，也许不这样认为，我所知道的“五生五熟”这个形象，一开始没办法做出个样来，老前辈怎样做，我们没办法得知，我就组织团队，多次摸索、探索，究其原因才把它整理出来，花了很多工夫，我为这个问题琢磨和消化了很长时间，最终形成现在的样式。

当有些问题还没有深入探讨定下来之前，我们巡游的一些内容是可以省略的，也就是说，巡游如果少了一半的道具也可以进行。

“五生五熟”与中国传统的五福没有什么关系，我没有联想到此。在巡游的队伍里，“五生五熟”是排在中间，放在菩萨前面，除此，也没有什么过多的讲究。

何：您在巡游的组织过程中感到有什么困难吗？

钟：在恢复端午巡游之前，我的构思是三坊联办，我们淇澳现在这个规模怎么办呢？第一个方案涉及祖庙、东王庙、妈祖庙这三庙，以及现在居委会的东关片、南华片、五四片、尖山片这四个片，形成三庙四片，再加上老人中心；我初步决定用这一构思来组织端午巡游的恢复工作，以老人中心为协办单位，去工作、发掘材料。

后来发现“三庙四片一中心”要涉及很多办公场所，后就把它缩小到村里头一个队伍了，由居委会、老人协会协助唐家湾镇文化中心去把工作做好，这样就变成了村子是端午祈福巡游的管事人，老人协会是筹措、办事的人。实际工作中，老人协会遇到了很多困难。

何：巡游活动中您管不管制作工艺的方方面面呢？

钟：这个我不管，但是要做个计划，有管理人员，是庙宇这方面的管理人员。他们去规划去做，整个开支可能有70万元，确确实实是很大的，这70万元，庙宇负担了50%多，主要是道具，其他的由老人协会出资，由高新区唐家湾镇文化中心垫些资，比如今年该添置什么了，打个报告，该支持的他们还是会支持，但是整个活动经费还是很紧张的。

道具虽不是一年要置那么多，但使用起来也是很吓人的，用量很大。道具做起来挺费功夫、挺费钱的，虽然质量不如以前好，但是道具的规模比以前壮观，所以尽管恢复整个活动有些困难，但还是让人蛮高兴的。

何：您身体现在这么好，今后有什么打算？

钟：对巡游这件事，有人出力，有人出脑筋，我就是希望经费要有保障。要把这个巡游活动搞下去，让后一代接班，要求不高，就是要有个温度，这温度就是活动资金。

访谈后记

通过几天访谈，我们对淇澳端午祈福巡游活动、对钟金平老先生所做的工作有了基本的认识，希望淇澳的端午祈福巡游，在钟老的带领下越办越好。

最后，钟金平老先生说：有些事，我从来都没在会议上提过，今天我看见你们这些人是真心实意地为这个项目来找我，我才把心里话都掏出来了，我从来没有要求过搞什么资金，搞不搞不是我口袋里掏的，是老人协会掏的，我那么搞就是为了这个项目能够健康、有序地发展，不要一窝蜂，一忽冷一忽热，不冷不热，要搞就要搞得像个样，要持续地把它坚持下去。

珠海沙田民歌

广东省非遗传承人吴金喜访谈录

开篇文题[①]：吴金喜，男，汉族，生于1944年农历十一月十五。1962年，在一次婚礼上被沙田民歌“叹情歌”所折服，领略到沙田民歌的魅力，由此开始了沙田民歌的搜集工作。1963年在村里创办了一所“扫盲夜校”，他每天晚上写一首高堂歌（七言四句）教学生们认字，持续一年多。当时，这所夜校还被评为扫盲的“先进学校二等奖”。

从1962年至1966年，四年时间他搜集的民歌已达近千首，并全部记录在一本软皮大笔记本中。但最终还是迫于无奈，将歌本烧掉，歌本烧毁后的吴金喜后悔不已。

1987年广东省整理《中国民间歌谣集成广东卷：珠海市香洲区资料本》。受珠海市香洲区文化局委托，吴金喜开始重新搜集沙田民歌。吴金喜与陈社金[②]将珠海的沙田民歌编了一本油印资料本，结项后吴金喜与陈社金被评为“三套集成优秀工作者”。2005年8月吴金喜出版了《珠海沙田民歌》。

2006年吴金喜在南屏镇组建了第一支沙田民歌队，2016年又组建了第二

①本文为广东省非物质文化遗产代表性传承人口述记录工程、珠海市文化馆“2022年珠海市非遗传承人抢救性工作”招标项目（项目编号CFZB2022-ZC-045FC）、珠海市金湾区文化广电旅游体育局“珠海市金湾区建立传统音乐非遗传承基地合作协议”项目（项目编号2019KYHX14015）、教育部人文社科百所研究基地中山大学中国非物质文化遗产研究中心珠海站（珠海科技学院）研究成果。

②广东省沙田民歌非遗传承人，自幼受父亲影响开始学唱沙田民歌，是南屏镇沙田民歌队歌手。

支沙田民歌队。第二支队伍的歌手们都是从珠海、中山各地挑选的精英。

沙田民歌是民间艺术的一朵奇葩，它以浓烈的乡音，传播知识、启发民智，深受广大人民群众的喜爱，被世代传唱。它主要分布于珠江三角洲沙田水乡地区，是在当地“疍家人”唱的“疍家歌”“渔歌”基础上，逐渐形成的有鲜明地方特色的民歌的统称，至今已有170多年历史，其特点是通俗易懂，情真意切；主要为社会性传承，缺少固定的传承谱系，但不同年代都有一些有代表性的民歌歌手。

沙田民歌于2006年5月被列入广东省第一批非物质文化遗产名录，于2007年3月被列入珠海市第一批非物质文化遗产代表作名录。吴金喜于2009年6月入选珠海市非物质文化遗产项目代表性传承人，2009年12月入选广东省第二批非物质文化遗产项目“沙田民歌”代表性传承人。

我们的访谈从吴金喜谈自己的家庭开始①。

一、基本情况

何平（以下简称何）：吴先生，您好，请介绍一下您的基本情况。

吴金喜（以下简称吴）：我是1944年农历十一月十五出生于珠海南屏，初中学历。小学是在南沙湾②读的，读到五年级时，就转去中山的坦洲沙心③就读。去沙心村要乘坐渡船，当时我与一位女同学一起去上学，总有一些闲人取笑我们，所以后来我就转学到造贝④，在六年级时又到南屏小学继续就读。

我们家是疍家水上居民，童年时，家里生活十分贫困，1961年我考入拱

①采访时间是2023年1月5—6日。采访地点：珠海市香洲区南屏镇市民文化中心。
②位于南屏和前山、拱北交界处区域，在今珠海格力电器工厂附近。
③坦洲的一村落，与珠海南屏交界，以前是一个岛屿。
④南屏的一村落，位于金鸡路附近，与中山坦洲交界。

北[①]中学，原本是住校生，但因为没有钱交伙食费，只好当起了走读生。我家住在南沙湾，走路到拱北需要一个小时，后来无法坚持每天两小时往返于上下学的路上，1962年下半年，就辍学回家务农，帮父母耕田、割禾、插秧了。

我从1962年起从事农耕工作，长达18年，还曾担任过5年团支部书记，担任过6年有线广播的广播员。1979年起任南屏[②]公社文化站站长；1982年起任南屏公社有线广播站站长；从1993年到2005年退休，我一直在香洲区南屏镇劳动站当站长，劳动站最高峰时，要管理6万多劳动工人。

我父亲吴根，母亲梁炳妹，都是珠海人，在十二大队务农。我父亲只上过三四年小学，1961年起在大队当支部书记。我兄弟姐妹有7人，5男2女，我排行第二。

我是1969年结婚的，婚后生有两个男孩，现在和第二个小孩住在一起，但我们老两口自己做饭。我78岁，老伴77岁了，我退休金有5000元，每个月的收入有7000多元，衣食住行不成问题了。所以我们只和小孩一起住，不在一起吃。我的两个小孩会听沙田民歌，但不喜欢学，他们也听不懂我在唱什么。我平时喜欢抽烟、喝酒和打牌。

我在务农时发现田里和河边都有很多农民在唱歌，水乡沙田仿佛是歌的海洋。我堂叔是一位小有名气的歌手，他经常教我唱高堂歌[③]和咸水歌[④]，堂

①位于珠海香洲区的镇街，与澳门接壤。

②位于珠海香洲区西南部的镇街，区域总面积60.7平方千米。

③高堂歌，因源于“坐高堂”的婚俗仪式而得名，是一种贺婚歌。《太平环宇记》记载：“香山之民在婚丧嫁娶、庆典礼祀神时，均以歌唱以导情，曰歌堂。”沙田人结婚嫁娶时，聚集在堂屋拜见父母、亲戚、朋友，结婚时贺婚所唱的喜庆歌堂，就被称为高堂歌。音乐以六声音阶徵调式为主，有固定尾腔。高堂歌又分为长句高堂歌和短句高堂歌。

④咸水歌，最初的起源、起名于自然环境，其意义是专指以打渔为生的疍民所唱的歌，又称疍歌、艇歌、蛮歌、咸水叹、摸鱼歌、白话渔歌等。歌词大多依照方言押韵，情歌居多；技巧性的衬词很多，如“妹（哥）好呀哩”“竹梳木梳”“生葱熟葱”“叮叮铛铛”等；二句体乐段是音乐的基本结构。在珠三角地区，不同地域内的民歌分类有所不同，中山市、东莞市、广州市、阳江市等地将古腔咸水歌、长句咸水歌、短句咸水歌、姑妹歌、大罾歌、高堂歌、担伞调等歌种，统归为“咸水歌”。而珠海市将咸水歌、高堂歌、大罾歌、姑妹歌、叹情歌、木鱼歌等歌种，统归为“沙田民歌”。

叔的唱腔很特别，所以他教我唱的时候，我很用心学习。我家排行第五的妹妹，比较擅长唱沙田民歌，但她是向其他人学的。

我从小就听沙田民歌，当时我们那里基本上每个人都会唱。人们在劳作时、划船时都会唱沙田民歌，我在旁边听他们唱，耳濡目染就会唱了。基本上不用人家特地去教我，我也没有记谱。

原本我对沙田民歌没太留意，对沙田民歌的感受也不深，直到1962年，村里有一个姑娘结婚，我参加了她的婚礼，听了姐弟两人演唱民歌，开始感觉到沙田民歌的感染力很大。当时，出嫁的姑娘对着弟弟叹情，唱道：

哎细佬①啊细佬啦哎……
家姐②嫁咗嚟要勤力做啊
只要勤奋就有得食诶
见世界长见识哎

随后弟弟回叹，演唱《落虾仔》：

阿姐啊姐啦……
某偷个大肚都有崽啊
没时有时像烂泥……

弟弟的回叹结束，房间里一片哭声，因为他们姐弟三人从小相依为命，母亲患有精神病，死在外乡，父亲因偷渡被抓去青海劳改，最后也死了，三姐弟受尽亲戚的白眼。

我们沙田水乡也有走婚③的习俗。当大姐19岁时，就让17岁的妹妹先结

①粤语“弟弟”之意。

②粤语“姐姐”之意。

③走婚是中国西南地区少数民族所具有的独特的婚姻方式，指男不娶女不嫁，通过暮至朝离的走访来实现男女双方的结合，男女双方各自在所属的母系大家户中生产和消费，承担养育后代的义务，走婚的双方在性关系和经济关系上互不独占。

婚，自己则留下来照顾弟弟，弟弟回叹的这首民歌，感动了在场所有人，哭声一片。

我当时想，一首民歌有这么大的感染力。那么沙田民歌一定有它的独到之处，从此也就开启了我的沙田民歌的收集工作。

何：您接触沙田民歌后，都经历了些什么？

吴：1963年下半年，我们村办了一所“扫盲夜校”，学校白天给小学生使用，晚上就挂一盏灯，我在教室黑板上抄写七言四句①、总共28字的高堂歌教他们。我先教他们唱高堂歌，等大家都会唱之后，再教他们认字。当时我只有18岁，除了收集民歌来当教材，还自己创作高堂歌。

1963年，全国掀起学雷锋的热潮。村里有一位老人特别乐于助人，村民身体不适时，他就会用中草药给村民治疗，我根据他的事迹编写了一篇民歌，这篇民歌有4首，我每天晚上教大家学一首。后来我把这4首民歌投稿到珠海文艺小报，结果还刊登了，我当时特别高兴，因为是我第一次看见自己的作品发表在刊物上，这家报社还给了我4角钱的稿费。

我收集民歌的工作坚持了四年多，直到“文化大革命”，沙田民歌被说成是封建糟粕，要全面封杀。那时我已经收集了八九百首民歌，大大的笔记本抄满了歌词。

但有人告诉我，我这本歌词也是一个隐患，因为是封建腐朽的内容，被上级查到也会拉去批斗。当时我父亲在大队当支部书记，父亲被批斗游街时，母亲在短短两个月里，因心脏病在医院去世了。我想，父亲还在批斗中，如果我现在因这本歌词的问题也被拉去批斗，那就彻底家破人亡了。经过反复思想斗争，我就在大队砖瓦厂干活时，将记满民歌的笔记本投到炉炭里烧了。从那以后整整一个星期，我好像经历了一场大病，整天无精打采，

①一般为四句体单乐段，但第三句可以根据需要添加歌词，扩充成多个乐句，形成中间的“大肚子”。

有时晚上睡觉也会在床上偷偷哭泣。那是我花了四五年时间整理的心血啊！回首往事有无尽的悔意。

1974年还是1975年时，大队把我从砖瓦厂调到广播站从事广播员工作。我每天要转播三次中央和省台的内容。有一天，突然听见省台在播我们的沙田民歌，我欣喜若狂，沙田民歌复活了！1975年全省在石岐①召开了全省民歌大赛，我带着一个20来岁的民歌歌手参加了比赛，虽然没有获得名次，但是我们亲身感受到了前辈歌手的实力。比如中山的何福友、梁容胜、梁三妹②，尤其是梁容胜，他的声音很高亢，唱高音区的民歌相当有实力。

1975年的全省民歌大赛给我带来很大鼓舞，赛后，我在村里组织了一次民歌比赛，有14位歌手参加。当时资金比较紧张，所以我只购买了14本笔记本，送给每位参赛者作纪念。此后，每天晚上7点，我在大队广播站带头唱沙田民歌。附近十一大队和十二大队的几个女青年也会跟随我一起唱半小时。

那时，村里农民是很晚才收工的，有时他们会端着饭碗到广播站听我们唱歌。后来，村书记问我是否可以到田间唱沙田民歌，我说可以，于是，我带着扩音器和一名歌手、一名女教师，三个人每天到生产队去，每到了一个生产队，我会事先和队长交流情况，了解有什么好人好事，随后立即编写高堂歌，在田间播放。经过一段时间实践，村里干部们认为这种方法非常好。

从1962年办夜校开始，到我去田间广播，我一直把沙田民歌作为一种传播工具。1984年，珠海市开始进行文物普查了，我和梁振兴③等几个人一起进行了三年的考古活动，走遍了珠海众多的山川和海岛。

1987年，省里派来考古民俗专家杨豪④，我们曾带他去了唐家⑤的一个沙场考察。专家知道我和梁振兴都是疍家人后，就向我们讲起了疍家人的历

①中山市区一街镇，是岭南文化的重要发源地之一。

②三个人都是中山坦洲人，为中山咸水歌的发展作出了重要贡献。

③珠海市非遗专家。

④广东省考古民俗专家。

⑤珠海市北部一古镇，历史悠久，诞生过唐绍仪、唐国安等名人，有着浓厚的岭南特色文化。

史。他说，在东晋咸和二年（327）后，中原地区有一个族群，后来从中分支出疍族，从疍族那里又分出了山疍和水疍。山疍就是现在的客家人，水疍就是我们疍家人①。东晋时期，社会动荡，战争不断，人民生活十分困难。当地有个中等官员卢循②是疍家人，他领导疍族的人起义反抗东晋统治，后来被镇压③。这就导致疍族的人都被赶到了江浙的海边一带，从海边到福建，再到广州。在整个中国东南沿海、粤东、粤西、海南岛和整个东南亚地区，都有我们疍家人的身影，直到今天还存在。卢循被视为是中国“海盗”的始祖。这是我第一次听说疍家人的源头。

大概在1987年，香洲区文化局启动了三套集成工作。民歌这部分工作由我负责，我曾经烧掉了那本记录民歌的笔记本，所以不得不重新开始搜集。

何：沙田民歌大概有多少？

吴：沙田民歌有五个歌种，七种唱法。有叹情歌④、高堂歌、长句高堂歌、咸水歌、长句咸水歌⑤。有人说，十里不同音，百里不同调。咸水歌流传到新会⑥，他们用当地语言唱我们的咸水歌，我们把他们这种歌叫大罾歌⑦。后来我们的咸水歌传到了广州，广州当地的疍民习俗是晚上女人不准上岸，

①对于疍家人的来历，学界主流观点认为公元前110年，闽越国人被汉武帝征服之后，部分闽越人逃入闽东南沿海等地，史称“水疍”。这些闽越遗民在闽江流域舟居水处，四处漂泊，形成福建历史上独特的水上居民。疍家人广泛分布于福建省福州的闽江流域、厦门，广东的潮州、汕头、揭阳、汕尾、惠州、电白，广西北海，海南的陵水、三亚等地。

②卢循（?—411），出身士族，字于先，小字元龙，范阳涿县（今河北省涿州市）人，东晋末年群雄之一，东汉名儒卢植之后，后赵中书监卢谌曾孙。

③史称“卢循之乱”（403—411），曾威胁东晋京师建康（今江苏南京市），起因是人民不满东晋朝廷的统治。

④叹情歌，在中山又叫“叹家姐”，是带着哭腔叹唱的，在广府妇女中广泛流传。广府姑娘出嫁有“叹家姐”的婚俗，可唱天文地理、唱古人、唱情景、唱对花、唱拆字，等等。

⑤这是吴金喜认为的沙田民歌的分类。

⑥隶属江门的一个区域，地处珠江三角洲西南。

⑦大罾歌，因多是在内河、外海装罾网的渔民所唱而得名。为七言句，称谓用“妹（哥）呀哩”“阿姐呀好妹”，衬字有“呀”“呀啰”“咳”等。

只能住在艇仔[①]上，所以广州的男青年就坐在旁边唱歌，后来就发展出了姑妹歌[②]。

我认为咸水歌基本上是源于中山，有人说坦洲[③]是发源地，但是我不同意他们的观点。因为坦洲围垦的时间很短，二十世纪的三四十年代才围垦到坦洲的中部，但是中山的六乡[④]从宋代就开始围垦，所以我认为沙田民歌的发源地应该是中山的六乡，但是坦洲地区的歌手比较多，也比较出众。

实际上这五个歌种就是两大类：高堂歌和咸水歌。咸水歌的老祖宗就是叹情歌，咸水歌是从叹情演变出来的，我刚才说的大罾歌和姑妹歌，是传到了新会和广州后才演变出来的。

我搜集整理了很多素材，出版了一本民歌的书《珠海沙田民歌》，这是珠三角的第一本沙田民歌著作，全书共有民歌约1100首，我还送给了博物馆。

何：不同地区的咸水歌唱法有什么不同吗？

吴：唱法有所不同，衬词[⑤]也不同。我花了43年时间收集整理出的民歌仅有两首是长句咸水歌，长句咸水歌很抒情，唱起来很好听，七言两句，演唱时中间可以随意加长，最后拖腔、拉腔[⑥]时，就用咸水歌的拖腔，这种拖拉腔的方式很动听。我从2006年开始集中精力专门创作长句咸水歌，到现在大约写了30首。梁六妹[⑦]把我的《阿娇卖蕉》唱得很出名，前两年，梁六妹和李苏

①粤语，指“小船”。

②姑妹歌，又称“姑妹调”“姑妹腔”，因在唱词中有“姑妹”的衬词而得名。多以爱情为题材，常在船岸对唱，分上下两个七言句，其结构、韵辙和修辞手法均与咸水歌相同。

③中山市的一街镇，与珠海的南屏接壤。

④位于中山沙溪镇，附近有六乡涌，河网丰富。

⑤衬词，是在民歌的歌词中，除直接表现歌曲思想内容的正词外，为完整表现歌曲而穿插的一些由语气词、形声词、谐音词或称谓构成的衬托性词语。

⑥是指润腔，将一句、一字、一个音节的旋律加以装饰。润腔的运用，最能体现歌手的个人演唱风格。

⑦沙田民歌歌手，珠海沙田民歌市级传承人，曾任南屏沙田民歌艺术团团长。2023年4月8日，她在南平镇永济社区举行了一次收徒仪式，收徒9人。

洪[①]参加省的民歌比赛，唱我写的《阿娇卖蕉》还获得了金奖。

广生小学是我们的传承基地，我写了一首古腔高堂歌给小学生们唱，现在广生小学已经举办了十届沙田民歌活动。另外，我也写了一些姑妹歌，姑妹歌是在广州地区唱的，也就是广州的咸水歌。这些都是七言两句，都是咸水歌的形式，咸水歌的衬词比较多，不过他们的衬词和沙田地区的略有不同。

二、传播沙田民歌

何：您还记得第一次演唱沙田民歌是哪一年吗？

吴：我没有正式上台唱过，只是组织过别人唱民歌。20世纪70年代扁桃腺多次发炎，就去医院做了手术，没想到动了手术后唱歌就不好听了，现在讲话的声音都很低沉。自从割了扁桃腺后，我就不唱歌了。以前开民兵大会之前，我会带头唱一首民歌，引导人们跟着唱，但没有真正上台表演过。

何：学习沙田民歌过程中有没有遇到什么困难？

吴：没有什么特别的困难，如果有不明白的地方，就去问会唱民歌的人。在我们当地，很多成年人都会唱。在务农的时候，只要田地里有人唱歌，另外一边的田地就会有人对歌。也会有人一边划船一边唱歌，这时，另外一艘船的船夫也会跟着对歌。

我一般很少唱对歌，不过我的学生倒是经常出现在对歌的现场，他们反应灵敏，头脑清晰。我当部门领导那阵子，也没有影响我唱民歌，工作之余唱一唱沙田民歌，舒解烦闷，放松心情。

我对工作很专一，自从1962年开始收集民歌以来，很认真地对待这件事，收集了43年才出一本民歌的书。在漫长的收集时间里，南屏镇有线广播站抽调我去市里上班，最后我让其他人去了，因为我觉得如果离开了当地，

①沙田民歌歌手，珠海沙田民歌区级传承人。

就很难整理资料出书了。1998年左右，党史办公室邀请我去从事地名普查工作，邀请了我三次，我再三考虑后还是拒绝了。

沙田民歌的所有歌种我都唱过，比较擅长唱高堂歌，但我平时很少唱，主要是做收集和创作工作。有时我们民歌队要演出，我就教他们如何唱拖腔、如何咬字、如何唱出沙田当地语言的味道。

何：您觉得沙田民歌好听在什么地方？您唱民歌有什么特点？

吴：沙田民歌是用本地的语言来演唱，本地的人听起来会倍感亲切。如果有人结婚，你可以在他的婚礼上听到长达五六个小时的演唱。我平时会在家里练习我新创作的歌曲，比如长句咸水歌，不过我唱民歌没什么个人特色，和普通人差不多。我主要是从事收集民歌的工作，在工作中会哼唱几句。

高堂歌和咸水歌在唱的时候没太大区别，我现在唱一段高堂歌，如“心头暖啊春雨滴滴啊”。到了20世纪70年代，中山坦洲的歌手，演唱时就将拖腔改成了：“春雨滴……”把拖腔拉长了，听起来更加动听。

但是你与别人对歌的时候，要唱得越简单越好，因为对方唱一首歌之后，你要迅速反应唱一首回应对方，所以对歌时不需要唱太复杂的唱腔。

何：对沙田民歌的演唱，您是怎样评判唱得好与不好？什么标准？有什么禁忌吗？

吴：对沙田民歌演唱的评判，第一，从声音的音质上，评判他唱歌是否好听，以前有一个姓彭的青年，20岁左右，他在割草时在河面上唱起咸水歌，歌声飘荡在水面上，好像飘到了远方，非常动听；第二，歌声要有高低起伏的变化；第三，要字正腔圆，咬字清楚；第四，腔调特别是拖腔要好听，因为拖腔的装饰音在唱沙田民歌时特别重要，演唱时可以根据个人的喜好自由发挥地展示拖腔。按照这个标准，大多数人唱歌都比较一般，很难找到一个真正唱歌好听的歌手。

我们唱民歌没有什么禁忌，男女都可以唱，也可以自由找搭档组合，唱歌主要是为了让自己高兴。

何：您在收集民歌时，这些知识是原来知道的，还是后来慢慢不断学习的？

吴：收集整理过程，就是一个学习的过程。沙田民歌有固定的曲调，在收集的过程中我会学习不同的歌词。我基本上都是靠自学，在实践中总结。从1962年开始深入接触沙田民歌以来，我逐渐熟悉了创作规律，如高堂歌的歌词是有基本规律的，重点是掌握歌词的平仄。高堂歌的第一、二、四句要押韵，第三句可以用仄声字，用的平声字、仄声字要有区别，中间的歌词都是问句词，掌握了这个规律后就很容易学。唱高堂歌要在唱之前就先想好歌词押韵的音，比如说押韵的音是“东”，那第二句和第四句的歌词尾部，就得与这个音押韵。

1964年，我把村里老人们学雷锋的故事编写成了一首歌，那个时候不会写咸水歌，就从写高堂歌入手。

有的人熟能生巧，唱歌时很擅长对上韵。以前的歌手跟别人对唱一次要花五六个小时的时间。现在我经常和陈社金一起写高堂歌，我和陈社金唱的沙田民歌没有什么不同，只是陈社金的声音稍高一些。

何：现在这里的人们结婚还唱高堂歌吗？

吴：以前的婚礼，是不唱大罾歌和姑妹歌的，沙田水乡整个婚礼都是用高堂歌串联而成，整个夜晚有六七个小时都是唱高堂歌，所以我就在现场听。我结婚的时候是1969年，还是“文化大革命”时期，不允许唱高堂歌。现在年轻人结婚没有以前那么注重传统习俗，不会有坐高堂的仪式，也不会唱高堂歌了。但第二支民歌队的队员，当有人结婚时，还会被邀请过去唱高堂歌，唱半天时间每人可以有三四百元钱的报酬。从我的角度看，我很支持这种形式，因为对沙田民歌起到了宣传作用。

1962年，我开始记录民歌时，主要在很多场合听别人唱歌，最多的是在婚礼上。我们最集中收集的地方也是在婚礼上，每场婚礼需要进行三天，这三天的时间都是用歌来串联的、是“歌化”的，女方出嫁时，叹情要叹两个晚上。她们唱的歌都是叹情歌，要对着长辈唱，如阿公、阿婆、太公、太婆等。

出嫁是用船来接的，送新娘下船的时候，还要唱一两个小时的歌，家里的人、村里的人，会和站在船头的新娘对唱。男方结婚要摆三天的婚宴，第二天晚上有一个坐高堂的仪式，在堂屋里面摆放结婚用品，后来我们就把这种歌称为高堂歌。

婚礼上，要唱多首沙田民歌，比如新娘给老人敬茶时，老人会要求新娘唱5首歌才接受新娘的敬茶；有的老人还会要求新娘唱20首；有时新娘没办法，同村的姐妹会帮她唱，在两天的婚礼中，要唱三四十首歌。当时的风俗促使大家一定要唱沙田民歌，所以女人在十二三岁时就要学唱沙田民歌，新郎不用唱，这也是学唱民歌多数为女性的原因。结婚时新娘特别辛苦，除了要唱两晚上叹情歌，第三个晚上还有耍新娘的习俗，所以新娘连续三个晚上是没办法睡觉的。有些亲戚朋友觉得新娘太辛苦，就让新娘不用唱歌，直接把茶水接过来喝，再给新娘红包。

现在这一传统还有一点保留，但基本上已经被淡忘了。不过有些老人家，在田间劳作时，还会唱几首歌给自己解闷。

何：他们唱的时候您就在旁边记录，有没有人帮着您一起记录呢？

吴：没有，那个时候我们全村的人文化水平不高，我是村里文化水平最高的。你很难找到其他人协助你做记录工作。一首咸水歌只有七言两句，我就先记第一句，第二句如果忘记了就再去问唱歌的人。高堂歌是四句，一次性记录下来比较难，只能去问人家，再补充进去。

何：您记录了这么多的歌曲，烧掉以后，又回忆起来多少呢？

吴：基本上是重新记录的。在做收集工作时，我走访了很多乡村，找了很多歌手，他们唱，我在一旁记；在婚礼上，也会记录；有时去生产队了解生产进度，挖掘好人好事时，也会让工作人员唱歌，我记录。有时候听到三四十岁的妇女唱歌，也会记录下来。后来，我就养成了记录民歌的习惯。当广播站站长时，我开始创作歌曲，大概在1975年，我创作了一首传唱度很高的民歌《安好河》，河就是水道的意思，这首歌很多人都会唱。

1974年，广东省举办了民歌比赛，省广播电台也开始播放沙田民歌，这时“文化大革命”虽然尚未结束，但已经没有人禁止我去收集沙田民歌了。

三、沙田民歌的传承

何：沙田民歌获得省级非遗项目，这对它的发展有没有影响？

吴：我觉得影响比较大。首先就是开民兵会前，很多人会自发地唱沙田民歌，只要有一个唱，其他人就会顺其自然地对唱。其次，虽然现在结婚时敬茶唱歌的习俗逐步消失，但是老一辈人还很怀念，所以会花三四百元钱请歌手到婚礼现场唱半天歌。虽然年轻人听不懂歌曲的含义，也不太喜欢这种形式，但是老一辈的人很乐意听。现在的情形是：每逢我们去现场演出，台下坐满四五百个观众，但外地的观众听不懂，不到10分钟就走了；剩下年轻的当地人听个半个小时，觉得没有流行歌曲好听也走了；最后剩下七八十个上了年纪的老人，坚持看完我们的演出。我们一年一般要演出6场，每一场都是这种情况。这种情况是应该加以改变的。

沙田民歌是我们当地人自发演唱的，比如在插秧时，一有人唱歌，就有其他人回应对唱。当时一河两岸有很多人住在茅棚里，河的一边如果有人唱歌，对岸就会有人回应对唱。这是我们当地人自娱自乐的生活方式，没有政府的介入和组织。

现在基本上还是自己组织活动，政府一般不出面组织，拨付的经费也有限。有个别时候，我们在演出时，一些比较富裕的喜爱沙田民歌的老人，会给我们一些钱款，表示支持我们的演出和传承工作。目前这种较被动的情况已有所改观，文化自信将人们对传统文化的认识提升到了一个新高度。

何：您退休后做了哪些沙田民歌的传承工作？

吴：2006年我创办了“沙田民歌艺术研究会”，组织几个人研究如何开展沙田民歌的传承、发展、创新。2006年我还组建了第一支南屏镇沙田民歌队，当时队员有八九个人，镇政府推荐我当民歌队队长，我再三考虑，决定让陈社金担任民歌队队长，我在幕后监督检查。

这支民歌队到现在已经成立16年了，一直在活动。2005年以来，我已陆续给广生小学、南屏中学、前山中学、暨南大学珠海校区、中山大学珠海校区的学生上过沙田民歌的课程。另外，沙田水乡的港澳同胞来找我，我也给他们上沙田民歌课。

2005年我把收集的民歌资料整理成《珠海沙田民歌》，于2005年8月15日出版。2009年我成为省级沙田民歌非遗传承人，我现在是省、市、香洲区三级的沙田民歌传承人。我们的演出除了在当地，还曾经去过中山的裕洲村[①]，后来，那里在我们的影响下，也成立了民歌队。平时生活中，我也唱沙田民歌。

我现在唱一首长句咸水歌，很抒情，也很好听：

朦朦崧崧（又）啲啲咚咚，一桨一艇一船篷，
水干水大，顺水逆流岁月匆。
春夏秋冬、冒雨迎风，
棹过西河笃定东涌、浸落几个虾笼；
打起边炉[②]、拎住茶杯酒盅，三只蟹仔四两禾虫，
饮饱食醉揽住支水烟筒。

①中山坦洲一村落，位于坦洲与珠海南屏交界处。
②粤语“火锅”的意思。

我也很喜欢唱姑妹歌，姑妹歌就是广州地区的咸水歌，十分抒情，衬词也好听：

男：有水行船无水饮，
　　有妹见面无妹商量。[①]
女：自古有针来引线，
　　有媒引线好商量。

一般在晚上对唱时，人们最喜欢的就是唱咸水歌，因为它只有两句歌词。如果对唱高堂歌，要四句歌词，年纪大了反应慢，有时候很难接上对唱的歌词。

何：您的徒弟除了陈社金、梁六妹两个人，还有哪些呢？

吴：我的徒弟有很多，但我没有收徒弟的意识，在民歌队里，大家都称呼我和陈社金为老师。我们就把他们当作学生看待。在第二支民歌队里我的堂妹叫我二哥，其他人称呼我为吴老师。我们不讲师徒的关系，我们是老师与学生的关系。

我从1975年开始培养民间歌手，最初有6人，到了2016年，我已经培养了7人，然后又培养了第二支民歌队的4人，总共培养了19人。

何：您编创了许多民歌，您认为哪一首民歌或者哪些民歌最能代表您的水平？

吴：《虾公虾婆》最能代表我的水平。我花费了很多时间和精力去编创这首歌。这首歌讲述了两位疍家老人的故事，生动地描绘了我们沙田水乡的生活场景：他们的子孙后代已经上岸住在高楼大厦里，但是他们还是住在船

①意为：在大海行船因为水咸，所以不得饮用。两船相过，只能见一面而不得商量。

上不肯上岸，继续过着他们的海上生活。大嫂在炒菜，大哥在蒸海鲜，大婶则在船尾捕捞渔网，大伯在船头抽烟，弟弟在引鸡回巢，小妹则在赶鸭进圈，阿婆背着小孙子，手持葵扇在旁边。整首歌曲非常具有戏剧性，最吸引人的地方是它对我们沙田水乡居民刻画得深入而生动：他们生活粗犷但充满自信。他们吃饭时的场景被描述为“风卷残云”，他们做饭的技巧也很高超。歌曲描绘了疍家人一边工作一边享受生活的情景，他们在船上吹着南风，小船顺着水流淌，喝醉了就躺在船上睡觉，仿佛是人间天堂，所以故事里的那对夫妻就不想上岸住楼房了。

梁六妹和李苏洪唱了我的《虾公虾婆》，还获得了金奖，演唱这首歌还要有道具，后来歌词我也做了修改，修改后的歌词比较流畅了，也写出了我们沙田水乡家庭的生活；还有一首《阿娇卖蕉》，我也很喜欢；《捡田螺》这首歌，是写给小学生唱的，也获得了很多次金奖。

何：说说您创立的第二支民歌队的情况？

吴：2016年，一位当地老板是个民间音乐爱好者，捐了4万块钱，我便组建了第二支民歌队。这支队伍只有4～5名兼职歌手，来自珠海市区、斗门和中山的坦洲。他们演出时不需要排练，只是唱传统民歌。这支队伍最高峰时，包括我自己共8名成员，其中1名成员是我的堂妹，她虽是文盲，但唱传统民歌能唱上五六个小时。演出时花费很少，只买些水和电池，每个人的演出费用是200元，包括我自己在内总共是1800元。此外打车的费用是200元，演出一个晚上要花费2200～2300元。到了2019年，这4万块钱基本用完了，于是我从自己的传承人补贴中拿出1万块钱来补贴第二支民歌队。

第一支民歌队和第二支民歌队的区别在于，前者我是监督，在幕后指挥，后者我是队长兼领导，所有事情都需要我一手操办。第二支民歌队演出到晚上9点钟的时候，我要安排一些住得远的歌手先回家，因为怕他们没有车回去。

从1962年到现在的2022年，我从事沙田民歌已60年。在60年时间里，我付出了很多心血，也接触了很多民间音乐和文化，增长了很多知识；另一方面，唱沙田民歌也让自己感受到了快乐。但我从没有向上级部门领导提过任何待遇要求。

何：沙田民歌为什么不叫咸水歌呢？

吴：因为我们这个地区的名字就叫“沙田”，沙田地区河涌纵横，是一个著名的水乡，所以又称为“沙田水乡”。

之所以有的地方叫“咸水歌”，是因为以前珠海斗门和中山坦洲一带，每年的9月到第二年的春季这段时间，河水是咸的，因为这个时期降雨量比较少。到了夏天，西江[①]水位变高，就不会出现海水倒灌的情况，所以夏天的时候西江水就变淡了。可能是这个缘故，所以叫咸水歌。

还有一个说法，以前疍家人结婚求偶的方式是：男子成年后会在船尾放一盆花，女子则会在船内放一盆草。虽然他们在海上生活，但彼此并不经常接触。因此，如果花和草碰在一起，男子要唱歌，女子则会对歌。如果两个家庭都同意就会立刻结婚；如果不结婚，将来就很难再碰到一起了。这种仪式起源于大海，因此唱的歌也被称为“咸水歌”。

另有一个说法，我们水乡人是一个苦难的族群，卢循带领疍族的人起义失败后流亡到江浙一带当海盗，唱的歌就是“咸水的”歌。

到了二十世纪七八十年代，珠海和中山都称这类歌为沙田民歌，直到后来中山要将沙田民歌申遗，就把这类歌曲称为“咸水歌”，中山还把几个歌种也纳入咸水歌的范围之内了。我认为，我们之所以还称之为“沙田民歌”，第一是因为它是有历史根源的，从1949年以后一直到二十世纪七八十年代，都叫沙田民歌，包括中山坦洲都叫沙田民歌，所以我们还是坚持保留传统。第二个就是“沙田民歌”的叫法突出了沙田地区的标志。第三个原因

①西江，是珠江流域的主流，为中国第三大河流，流经广东珠海和中山等地。

是中山咸水歌把高堂歌包含在内，我们认为咸水歌与高堂歌是有区别的，不能归为一类。一个是七言四句，一个是七言两句，而且两种歌的唱法也有区别，我和梁振兴的观点一致，所以一直坚持“沙田民歌”的叫法。申遗的目的是保存传统文化，不能把传统文化曲解和遗忘。

在申报非遗传承项目时，中山坦洲第一时间把沙田民歌的几个歌种集中命名为“咸水歌”，并申报了国家级，结果申报成功了。后来到我们珠海沙田民歌去申报省一级的时候，由于中山的咸水歌已经进入全国非遗名录了，所以当时省里对沙田民歌进入省非遗名录的事情有争议和质疑，后来珠海有关人员马上把我的《珠海沙田民歌》一书递交上去，沙田民歌也顺利进入省非遗名录。我在2009年12月入选为省级非遗沙田民歌代表性传承人。三年后，陈社金也入选为省级非遗传承人了。

何：疍家人是什么时候上岸的？

吴：疍家人在历史上是最苦难的一个族群。以前，对疍家人有几个禁令：不准上岸居住；不准与岸上人通婚；不准读书；不准穿鞋。因此，岸上的人看不起疍家人，他们称疍家人为“疍家佬”。这导致了很多荒唐的事情。例如不准穿鞋，比较富有的疍家人去石岐办事，在背包里放一双鞋，路上经过池塘边，用水洗了脚并穿上鞋子，虽然在石岐穿鞋不违反规定，但因为是疍家人身份，穿鞋也会引起别人的注意和不满。

疍家人之所以能上岸，第一个要感谢的就是清朝的雍正皇帝，他认为疍家人也是他的臣民，所以下了御旨允许疍家人上岸居住，如果疍家人选择不上岸，也可以继续居住在船上，船就是他们的家。

住在船上最怕遇到台风。如在1874年8月12日，强台风袭击前山，当时前山东桥①区域还没有围垦，河边宽阔，前山和澳门区域有一个很著名的渔场，那里停靠了很多疍家人的渔船，那次台风造成了无数疍家人船翻人亡，台风

①位于南屏镇和前山区域附近，今属南屏镇。

过后整个渔场都是烂船和尸体。据《香山县志》记载，澳门当局捡了10万具尸体火化，这场台风对疍家人是一场很大的灾难。

还有1921年7月1日的台风，这场台风只刮狂风不下雨，把疍家人住的茅棚掀翻了。当天下午3点钟左右，前山河道和坦洲金斗湾水道的水位下降，出现了很多鱼虾，好多人看到这个景象后欣喜若狂，便下去捕捞。没想到瞬间河道水位上涨，漫过河堤，河道转弯处出现大概10具尸体，后来有人跑去湾仔[①]海边，发现了500多具尸体。以现在的观点看，当时这个奇异的现象是地震，海啸台风3级。所以我们疍家人最怕的就是台风。

何：您的父母是什么时候上岸的？

吴：我不清楚具体时间，我只知道雍正皇帝下了御旨以后，我们这里的疍家人去帮地主围垦，用自己的船帮地主搬石头和泥沙，建堤坝。地主不会支付酬劳，只给他们吃午餐和晚餐。之所以没有酬劳他们也愿意帮地主围垦，是因为围垦后他们想向地主借一点地方搭建茅棚居住；向地主要几亩地，在岸上生活耕作。当时帮地主耕田，如果粮食收成有100斤，疍家人只能得到17斤，虽然不够吃，但对于他们而言，能上岸生活，从事农耕和捕鱼工作，生活已经是极大的改善。

何：您对沙田民歌的未来有些什么想法或者展望？

吴：现在沙田民歌传承的对象是年轻人，但是现在的年轻人不喜欢唱民歌了，如果没有人传承下去，传统文化就会失传。而且现在很少有经费和基金支持沙田民歌的活动。在民歌队里，年龄五六十岁的人很多，而年轻人很少。老一辈的人还喜欢听，年轻人就不喜欢听了，更不愿意学，所以很容易脱节。年轻一点的传承人只有一个梁六妹，这是不行的；以前斗门三中[②]是传

①位于香洲区南端、珠江口西岸，东与澳门隔濠江相望。

②斗门区第三中等职业学校创办于1985年，2003年与珠海市斗门区成人中等专业学校合并。

承沙田民歌的重要基地，校长很热衷传承民歌，但是现在传承有些中断。

现在也有经费的问题，虽然传承者有光环，但是没有工资和福利，传承者的工作虽然辛苦，却鲜有报酬。

访谈后记

经过两天的口述访谈，我们的采访告一段落，吴老先生虽颇有微辞，但对沙田民歌的未来还是寄予了希望，也希望年轻人不忘祖宗的音乐文化传统，并将其保护传承下去。

珠海沙田民歌

广东省非遗传承人陈社金访谈录

开篇文题①：陈社金，男，汉族，生于1951年农历四月十一，珠海市香洲区南屏镇人。20世纪60年代末开始对疍家民歌进行搜集、改编、创作工作，至今已搜集整理、创作改编了沙田民歌数百首，整理有《民间歌谣集成》（合作）一书。陈社金曾任南屏镇文化站站长、南屏曲艺社社长等，他积极参与创办了“沙田民歌艺术研究会”，成立了“沙田民歌队”，并成为这支民歌队的主力。

陈社金曾多次在全国、省、市、区级的各类民歌大赛中获得殊荣，被人们亲切地誉为“珠海沙田民歌王”。2004年当选“2004年度珠海十大文化人物”；2007年，获广东省（中山·坦洲）首届水上民歌大赛金奖；2007年7月7日，《光明日报》头版刊登《“沙田民歌”传人吴金喜、陈社金》的报道，沙田民歌走向了全国；2009年，他与民歌歌手梁六妹联袂，获首届“金嗓子”杯全国山歌邀请赛最高奖“金嗓奖”；2009年2月，陈社金创作的沙田民歌作品获“珠海市第三届文学艺术渔女奖”二等奖。

①本文为广东省非物质文化遗产代表性传承人口述记录工程、珠海市文化馆“2021年珠海市非遗传承人抢救性工作”招标项目（项目编号ZCCG-G21-0346FJ）、珠海市金湾区文化广电旅游体育局“珠海市金湾区建立传统音乐非遗传承基地合作协议”项目（项目编号2019KYHX14015）、教育部人文社科百所研究基地中山大学中国非物质文化遗产研究中心珠海站（珠海科技学院）研究成果。

沙田民歌于2006年5月被列入广东省第一批非物质文化遗产名录，于2007年3月被列入珠海市第一批非物质文化遗产代表作名录。陈社金于2009年6月入选珠海市非物质文化遗产项目代表性传承人，2012年12月入选广东省第三批非物质文化遗产项目“沙田民歌”代表性传承人。

我们的访谈从陈社金的自我介绍开始①。

一、学唱经历

何平（以下简称何）：陈先生，您好，请介绍一下您的基本情况。

陈社金（以下简称陈）：我出生在一个爱好民歌的家庭，父亲陈灶根，是一个唱通沙②的民歌歌手；母亲杨长好，是一个善良勤俭的妇道人家。我们兄弟姐妹8人，我排行老三，有大哥、大姐，大姐已75岁了，还有两个弟弟，三个妹妹。

我于1958—1963年就读于珠海市香洲区南屏镇广昌村的一所公办小学——广昌小学；1964—1966年，就读于南屏中学；毕业后的第二年1967年到1974年，任教于广昌小学；1975—1980年，在广昌社区做电影放映员；1981—2004年，工作于南屏文化站；2005—2011年，在南屏广播电视站工作。我工作了40多年，但伴随我的，也最让我醉心的还是唱沙田民歌。

在工作期间，我经常在学校、圆明新园③演唱和传播沙田民歌；给民歌队、学生辅导学唱沙田民歌；带着沙田民歌的节目下乡演出。就在前不久，我还应珠海博物馆邀请，录制了大罾歌《钓鱼仔》的视频在博物馆展播。

我收徒授艺，培养了徒弟梁六妹，她又培养了李苏洪，如今珠海博物馆

①采访时间：2021年11月8—9日。采访地点：珠海市北山杨氏大宗祠。珠海科技学院音乐舞蹈学院讲师刘晶晶参加了本次采访。

②置家话，是指唱遍大街小巷，家喻户晓。

③中国首批AAAA级景区之一。位于珠海九洲大道石林山下，占地面积为1.39平方千米，以北京圆明园为原稿，按1：1比例精选北京圆明园四十景中的十八景修建而成。

也收录了她们两人演唱的咸水歌《虾公虾婆》，进行公开展播。

在学校里，我针对学生的特点，创作了《校园花儿处处红》《八荣八耻记心中》《安全教育你我他》《垃圾不落地》《唱诵家风放喉咙》《青春热血永流芳》《四中全会新征程》《红船过险滩》等具有教育意义的新民歌。其中《青春热血永流芳》已成为学校红色教育的保留曲目。

何：您是如何学习沙田民歌的？请介绍一下您目前对沙田民歌掌握的情况。

陈：我父亲喜欢唱沙田民歌，我从小听他的歌，耳濡目染，七八岁时，我开始跟父亲学习沙田民歌。我学会的第一首歌是父亲教我的高堂歌《大话歌》："我咁大个仔，未曾唱过大话歌，一个萝卜切开几大箩，老鼠拉猫跟我门口过，蟛蜞[①]喃鸭锄田拖。"歌词是疍家话，很有趣，听上几遍我就学会了。那个时候我也喜欢听广播，中山的广播电台经常播放咸水歌、高堂歌，我边听边跟着学。

我听得比较多的是陈锦昌[②]的《竹树开花根连根》，后来我在广昌小学任教期间，还将这首歌传授给了学生。那个时候条件比较落后，学习民歌除了父亲对我的口传心授，其余就是自学，如跟唱陈锦昌的《香稻颂》。那个时候年纪小，记忆力也好。

我学民歌时，给我以影响的还有当时南屏沙田民歌艺术团[③]的吴金喜，其实他并没有直接教过我，但是他有一个歌本，我就是边读那个歌本边学的。因为过去不管是父亲还是陈锦昌，在我学习过程中，都没有用歌本，我的学习主要是靠听和自己的记忆。

①蟛蜞是淡水产的小型蟹类，又称磨蜞、螃蜞，学名相手蟹，头胸甲略呈方形，体宽3～4厘米。

②陈锦昌，男，1936年5月生，中山市三乡镇外埔村人。曾任中山县文化馆副馆长、市博物馆副馆长。潜心民间文艺研究和民歌、诗词创作，出版歌曲集《金斗湾放歌》（作词）、诗词集《水乡情》等。

③南屏镇文化站组织的业余演唱沙田民歌的表演社团。

我没有系统学过声乐，当时也没有那个条件，我最早是唱粤曲的，唱的小曲很多。当时家里有一张光碟叫《广东小曲王》，里面收录了很多小曲，如黄俊英[①]、卢海潮[②]的，有一首《大排档小唱吧》我很喜欢，平时劳作、上山下坡，甚至连晚上冲凉时都会练习演唱。

我也没有系统学习过基本乐理，对于沙田民歌的创作，刚开始就是纯粹靠记忆，由当时曲艺社演奏二胡的杜华生记谱，他识谱，我唱什么他都能同步记下来。之后实践多了，也去向其他人请教，慢慢地也可以看简单的谱了，我的学生李苏洪也教了我一些。作词方面，读得多了、唱得多了，熟练了，自己就能创作了，熟能生巧。

我学唱比较快，有一个主要原因，就是我对沙田民歌的爱好，尤其是对那些故事性的、传统的、在民间普遍流传的民歌的爱好。比如传统沙田民歌《十二月采茶》，我的歌本里也收录了，它是古人拆字眼[③]的一种作词方式："正月采茶是年新，雪梅孝义守家贫，送仔读书金榜中，一举成名天下闻，闪至取门冇把凭，万古流传教义人。"这首歌很传统，不能改，要严格地传承下来。这种拆字眼的歌一般是六句。

沙田民歌的学习过程，更多还是个人的感悟过程，是自己的爱好使然。"沙田"是指在河流冲击成的滩涂上，通过围垦而形成的田。全国56个民族，都有自己的语言、自己的歌，在沙田这片土地上，孕育了我们当地人唱的当地的歌，它是亦渔亦民的疍民所传唱的口头文学。目前我掌握的沙田民歌包括了高堂歌、咸水歌（包括大罾歌、姑妹歌）、叹情歌。

①黄俊英，男，1936年生，祖籍广东省罗定。著名粤语相声表演艺术家、国家一级演员、广东省曲协副主席、广东音乐曲艺团艺术指导，相声方言化的拓荒者之一。

②卢海潮，男，1946年生，广州市人，粤剧演员。主要作品有《外来媳妇本地郎》《方谬神探》《广州人家》《山乡风云》。

③拆字，又称"测字""破字""相字"，是中国古代的一种推测吉凶的方式，主要做法是以汉字加减笔画，拆开偏旁，打乱字体结构进行推断。广泛用于作诗、填词、撰联，或用于隐语、制谜、酒令等。

二、沙田民歌的特点

何：请介绍一下沙田民歌的基本特点，与其他地方的民歌的不同之处，与中山的咸水歌有什么区别。

陈：沙田民歌与其他地方的民歌有许多共同点：浓烈的乡音；押韵、顺口、顺喉；总体讲就是声情并茂，朗朗上口。但最能体现沙田民歌特点的是"十里不同音，百里不同调"，比如高堂歌《清闲无事唱支歌》："清闲无事唱支歌，人人话我口多多，唱出歌仔亦有错，皆因文化唔系高。"歌曲最后的这个"高"字，珠海市的不同地方就唱得不同，南屏人将"高"唱作"沟"，斗门人将"高"唱作"鸽"，这就是"十里不同音"；而"百里不同调"指的是调高不同。

说到区别，如广州其他地方和番禺区的民歌在唱法上、节拍的快慢上，就有很大区别。比如20世纪60年代陈锦昌写的《竹树开根根连根》："竹树开根根连根，葵花结籽籽成群，万众一心跟党走，人民爱党党爱民。"就这四句，不同地区的曲调一样，但是节拍会有快慢的区别，我可以唱出三种样式：第一种是原生态的，从头至尾一个速度；第二种，曲调有所变化，快的和慢的节奏有区分；第三种速度更快。

珠海和中山地域相邻，原来本就是一个地区，我们珠海的南屏和中山的坦洲就一河之隔，民歌在唱腔的拉腔和曲调的旋法上基本是一致的，如中山的咸水歌《对花》，在我们这里也很流行。如果一定要说有什么区别，其实就是个别的吐字发音。

何：疍家话的韵是怎样一个情况？

陈：讲到疍家话，我认为它的特点就是一韵到底，使人好记忆。但是一韵到底也有搞不清读法的时候。比如"浮"在水面读作"蒲"在水面。有的字一字多音，尽量用最通俗、最接地气的语言来表达，这就是"浓烈的乡音"。

何：您自己唱歌有哪些特点，与他人有什么区别？您是在什么时候形成了自己的歌唱风格，有些什么体会？

陈：我唱歌的特点可用8个字概括："字正腔圆、绕梁三日。""字正腔圆"讲的是疍家话的"字正腔圆"，如高堂歌《来到高堂失失慌》："来到高堂我就失失慌，半身淡汗抹都唔干，十件衣衫湿了九件半，多得日头出热晒得翻干。"[①]一般的高堂歌都是七言四句，不加什么称谓，也没有什么衬词，比如："沙田民歌唱起来，万顷沙田作歌台，历史悠久全唱来，沙田处处有歌才。""高山顶上一青松，千年万代唔退冬，我哋有咗毛主席，千年万代唔受穷。"

"余音绕梁"，是指唱歌时的韵味。由于我的嗓音比较嘹亮、明朗，属于男高音，在唱歌时拉腔的感觉就不一样，比如唱这首关于旧社会的高堂歌："旧时阿儿真阴功，移民生活好艰难，灯盏无油，家中冇米，金谷摆厅贵地主，一天到晚饿天光。"

因为高堂歌旋律是固定的，我会在尾腔和拖腔的处理上，做一些鼻音的哼鸣（边讲边唱"高山顶上一青松……"），高堂歌原来没有这个拉腔，我现在唱的就是加入了拉腔，这就有了韵味。再比如《冻水泡茶慢慢浓》（唱）："韭菜开花细绒绒，真心阿妹唔怕穷，只要两家勤劳动，冻水泡茶慢慢浓。""一塘清水一塘莲，青青绿绿睡上眠，阿妹生来真美善，撑艇摘莲抢在先。"我都加入了自己处理的拉腔，做了装饰。

疍家话和粤语不一样，"字正腔圆"强调的是疍家话的"字正腔圆"，所以唱的人要唱得清楚，让人听得懂，就不用再翻译了。用疍家话唱的民歌，也可以用粤语唱，因为疍家话"问字取腔"，有时候也"问腔取字"。如《水乡情》里"半边云水半边天，对岸河堤对岸天"的"云"字，疍家话读第四声，用疍家话完成韵脚；粤语读第二声，用粤语去完成韵脚；原则是

①这是一首经典的中山咸水歌，这也说明，珠海与中山在音乐文化上的联系是十分紧密的，"我中有你，你中有我"。

只要人家听得明白就可以。

我的演唱生涯一直坚持到现在，中间只在“文化大革命”时期和2006年因为身体原因中断过，我自己的演唱风格大概是从做曲艺社社长的时候慢慢形成的。2006年，我病好出院时，逢珠海花车巡游，当时我负责花车的装饰工作，同时在花车巡游过程中，我在移动的花车上唱沙田民歌，一路上众多人观看我的表演，那个年代这种边巡游边表演的形式让人耳目一新，我的表演也让人们津津乐道。

我唱沙田民歌意在将疍家文化发扬光大，传承下去；同时，通过演唱民歌，培养自己的兴趣爱好。在练习民歌的过程，吐气发声，对心肺组织很好，肺活量增大，对身体素质有增益。我希望通过沙田民歌的传唱，把优秀的疍家文化永发扬。

何：您唱对歌以及运用衬词有没有什么讲究？

陈：唱对歌时，不管是用疍家话，还是用粤语，在用韵上，都没有什么讲究，但是要在一个统一的基本内容中。

沙田民歌在衬词上是有规定的，唱什么歌，就用什么样的衬词，歌种不同嘛。高堂歌有“咯”“呵”这种拟声词；咸水歌有“妹”“哥”的称谓（大罾歌是“妹呀咧，真心咧”的衬字；姑妹歌有“姑妹”的称谓，男性在衬词里被唱作“兄哥”，女性被唱作“阿妹”）；叹情歌肯定就是姐叹弟、弟叹姐，一开口“哎，姐啊”。所以民歌歌手一开口唱歌，我们就知道他要唱什么歌。一般讲，衬词是民歌本身原有的，我们民歌歌手基本上不会去进行二次处理，衬词在沙田民歌中是发挥重要作用的。有专家讲，咸水歌里的衬词最多。

何：沙田民歌有没有对歌比赛？评分规则是怎样的？

陈：最近几年，基本上每年都有比赛，但是比赛的曲目都是事先准备好的，需要下功夫熟记歌词。即兴的对歌，我经历的沙田民歌演唱中是没有的，就是即兴编词也是提前准备好的。

三、关于沙田民歌的传承

何：在沙田民歌的传承方面，您是如何选择自己的徒弟，用什么方法教授？

陈：在传承方面要分清传承和传唱的区别。我的父亲传授给我，我传授给我的徒弟，这是传承。我在学校教授，学生一起跟我唱，这是传唱，但有传承的含义在里面。

就传承来讲，我培养沙田民歌歌手，首先要看他能不能讲疍家话，其次看他的外形条件，而最重要的是看他是否具有天赋，能一唱就会，有创新意识。在传唱方面，作为最广泛的普及，我创作了广生小学的校歌《校园花儿处处红》，后来教育局也十分肯定，学校还用它作为课间操音乐。

现在我教授徒弟，有时是在电话里一句一句教，徒弟跟着唱；有时是提前把要学习的歌曲录音发给他们，他们跟着录音练习。在这两种传授过程中，我都会严格要求他们，随时纠正他们的咬字、发音、音调的准确度等。我的徒弟梁六妹，在跟唱练习的同时，会根据自己的音高、音域，以及音色条件，形成自己的演唱风格。疍家人会唱歌似乎是天生的，是相互受影响的，虽然不一定都识谱，可很多人一看歌词就会唱。

现在的学生都识谱，所以每次我唱歌的时候，杜华生就会帮助记录下来，我就按照这个谱子教授学生。首先我要求学生把歌词理解并读熟，因为沙田民歌里有很多疍家话，学生要“字正腔圆”，就要熟读歌词，倒背如流，区别疍家话和粤语的不同发音；其次我要给他们讲解歌词大意，他们理解后，一教就会了。

沙田民歌有不同的歌种和唱法，在学校里教唱，旨在教授学生学习这些歌种和唱法，每次上课前我会提前准备好录音，学生跟唱几遍就会了。就像当年我跟着父亲学习那样，父亲唱，我跟着唱。

我曾在南屏中学、广昌小学和一个传承基地授课，其中我在广昌小学一待就是8年，有时也会应邀到其他地方去演唱。现在南屏还有沙田民歌队，由我的徒弟担任团长，创立之初我是队长，并且由我辅导队员表演节目、送戏下乡、做专场汇演。最初的演出，一般都是清唱，现在随着演出条件越来越好，沙田民歌的表演融入了舞蹈、音乐伴奏，以及舞台美术灯光等，使整个节目更加饱满。

何：您的家人唱沙田民歌吗？这里有没有类似梅州等地，在固定的时间、固定的地点，自发唱沙田民歌的社群活动？

陈：由于父亲的缘故，我们兄妹几个人都会唱沙田民歌。我夫人也会唱，她的声音很好，还可以自己创作歌词自己演唱。我也曾经教过她一些，现在，大罾歌、姑妹歌、咸水歌这些她基本上都能唱。

特定的自发的社群活动，斗门区就有。有时男婚女嫁，我受亲朋好友委托，会去助兴演唱；或者是别人唱歌，我就搭歌。如前段时间，金湾区进行水乡拍摄，我和梁荣好就去幸福桥[①]那里唱歌了。

何：演唱沙田民歌需要特定的场合吗？

陈：沙田民歌是想唱就唱，但是不同的场合会唱具有不同的寓意或者应景的歌，嫁女要唱《贺婚歌》《叹家姐》；老人家去世唱悲哀的歌："老爷啊老爷啊，看你咁正，住上山头。"叹者伤心，闻者落泪。

男婚女嫁时唱的《叹家姐》，是有仪式感的。女方会挑选个好日子，邀请一群姐妹，铺上席子，大家席地而坐，从家姐出嫁开始叹，从祖宗叹到父母，依依不舍。而男方就不一样了，男的结婚就是坐高堂。

①珠海市金湾区红旗镇三板村幸福广场边。

何：在沙田民歌的传承演变中，您觉得清唱好还是有伴奏好呢？作为一个珠海的传承人，您对沙田民歌的改编有哪些体会？

陈：这个要看民歌歌手个人的喜好，有一些比较保守的，就愿意遵循沙田民歌本来的样子，就会选择清唱；年轻一代的民歌歌手，觉得加上伴奏演出的形式更加立体，符合现代人的视听感受。

我个人也更喜欢有伴奏的表演形式，为了让更多的年轻一代认识和学习沙田民歌，不仅加入了伴奏，还会根据歌曲编排舞蹈，这种综合性的表演方式，学生们也更容易接受。

何：根据您的了解，沙田民歌创作有没有借鉴其他传统曲艺或者是戏剧的因素？在哪些文艺作品里用了沙田民歌？

陈：有根据戏剧内容进行歌曲创作的，如按照《梁山伯与祝英台》的故事情节，创作的沙田民歌《十八相送》《化蝶》。

在流行音乐中，李海鹰写的歌曲《弯弯的月亮》，用了中山的咸水歌。音乐家冼星海是疍家人，他的经典《黄河大合唱》，融入了咸水歌《顶硬上》的元素。当下的流行歌手孙燕姿①唱的《月光光》，也是根据沙田民歌改编的②。

何：您也改编了很多沙田民歌，都用什么方法改编的？

陈：在音乐改编上，改变曲调、节奏、速度，或者开始和结束部分都保留传统沙田民歌的曲调，中间部分稍加适当改编；在歌词改编上，与时俱进，增加新的内容元素，如以传承红色精神为主要内容的《四中全会新征

①孙燕姿，女，1978年7月28日生于新加坡，华语流行女歌手。

②陈钰、千红亮著《珠海传》（新星出版社，2018年版），第二章《丝路寻踪——岸边岁月，临水筑居》中有此记录："孙燕姿的《月光光》，也是根据沙田民歌改编而成。"

程》《青春热血永流芳》等。

何：沙田民歌的歌词内容都涉及哪些题材呢？您是从什么时候开始自己填词记录的？

陈：涉及的题材有民间文学故事如《陈世美》，古典文学如《武松打虎》。我曾经根据《今古奇观》创作了《蒋兴哥重会珍珠衫》《卖油郎独占花魁》。我开始填词大概是从20世纪60年代开始，那时候大多都是口头讲、脑子记，写的很少也比较零散，真正写的比较多、比较规范的时候是打倒“四人帮”的时候，我写了整整一本。

我也通过记录小本、录音机、U盘来收录作品。在我的工作中，我会随时带个U盘，我会叫我的儿子把好听的歌曲录下来，储存到U盘里，当我听到别人唱得好的时候，就马上录音，整理到U盘里，再插在扩音器上播放，非常方便。在数字设备没有那么先进之前，我在广播站工作，广播站有录音机，我就用录音带录制，之后有了CD、电脑，就更方便了。我相继收录了吴金喜以及我的表亲周北体的作品。

何：对沙田民歌，您在采访搜集方面都做了哪些工作？

陈：我们省市大大小小的电视台、媒体都来采访过。2007年，南方卫视针对沙田民歌进校园，还做了一个专题片。

广昌小学是沙田民歌的传承基地。为了规范传承工作，我们就把词谱梳理下来，变成读本，目前已经收录了35首沙田民歌。这个读本除了收录已有的沙田民歌，还根据教育局的要求，选择不同朝代的古诗词，结合沙田民歌的曲调，进行创作，让学生们用唱民歌这种轻松的方式学习古诗词。目前这本教材已经出版并在广昌小学推广。

何：您觉得您这一代唱民歌，与您之后的这一代唱民歌有什么不同吗？

陈：重要的应该是社会环境有很大不同。我们那个年代，经济发展处于基础阶段，文化建设不如现在；现如今我们国家鼓励挖掘和传承优秀的传统文化，我们的政府从各个方面支持我们演唱、创作以及传承民歌。

四、回顾与展望

何：请您介绍一下沙田民歌的历史和发展历程。

陈：沙田民歌的历史应该有两三千年了，在整个珠三角地区，还有广西、福建沿海的水上疍民，都唱咸水歌，只是有的地方叫法不同。那年坦洲举办广东省首届水上民歌大赛，有些人是唱甜水歌，一个咸一个甜。据说是因为胡锦涛总书记在任时帮助他们挖了一口井，井水是甜的，就是我们说的淡水，生活在这里的人们就把自己唱的歌叫作甜水歌。

沙田民歌流传于疍民群体，在20世纪50年代是传承发展最辉煌的时候，那时人人都能唱，处处是歌。近几年，我们国家相继出台政策，鼓励各个政府部门保护传承非物质文化遗产，我们珠海也很重视基层的非遗保护工作。之前我通过非遗进校园、撰写课外读本，将传承工作与时俱进。

随着我们传承工作的更加规范系统，未来除了希望场地和经费能够获得专项支持外，我更希望的是我们的传唱队伍可以有源源不断的新鲜血液。另外，我们需要专业的老师来指导我们，归纳整理我们的民歌作品，就像梁振兴[①]编撰的《民歌荟萃》那样。

何：当年举办过哪些与民歌有关的活动，如今呢?

陈：那时主要是送戏下乡，涵盖整个南屏镇，也去近邻的斗门。这些年，随着民歌队伍规模的扩大，组织制度的规范，我们民歌队也更名为民歌艺术团了，在政府和社会爱心人士的资助下，我们继续开展送戏下乡活动，

①梁振兴，曾任珠海市博物馆副馆长、珠海市政协文史资料委员会副调研员。

只是活动范围更大了。我们的每次活动都会聚集大量的居民来观看，主要是上了岁数的疍家人，年轻人也有，但是不多。现在的沙田民歌，不仅疍家人在学，其他人也在学，疍家话、粤语、普通话，不同的语言都可以唱，为的是能向不同的观众传承传唱沙田民歌。

何：您第一次演出是在什么地方登台的？紧张不紧张，心情怎样？有哪些重大演出，给您留下非常深刻的印象？

陈：2000年，珠海市在南水的飞沙滩[①]举办的民歌歌手大赛，是我第一次参加的比赛演出，那时我已将近50岁了，但最后还是拿到了金奖的好成绩，这是我第一次登台。如今“年纪大，机器坏”，记忆力差，所以有几次忘词，就被起哄说：“你放下麦吧。”

何：您希望我们珠海的沙田民歌，应该走向怎样一个高度？

陈：我和梁容好曾在北山音乐节[②]登台表演，现场还有尼泊尔的鼓手与我们共同即兴演绎，气氛热烈，我们一连表演了好几首曲目。所以我希望，沙田民歌可以采用更多的方式，以年轻人喜闻乐见的方式，走向世界，也希望我们的沙田民歌在以后的创作和表演过程中，能够有更多高质量的作品面世。

①位于珠海西部高栏岛的东南部，是一个纯天然的海滩，被评为珠海十景。

②北山音乐节于2010年建立，是一个扎根于珠海的音乐品牌，主要分为：北山世界音乐节（每年4月底）、北山国际爵士音乐节（每年9月底）。举办地点位于改造后的珠海南屏北山村的北山戏院（百年历史的原北山民国戏院旧址）。在保护历史建筑的同时，将艺术家和创意产业引入北山。至今，已成功举办十一届爵士音乐节和世界音乐节。

访谈后记

经过两天的口述访谈，我们看到了陈社金先生对沙田民歌的执着和痴迷，也看到了沙田民歌传承发展的美好未来。我们相信，珠海市的非物质文化遗产保护工作将会有很好的发展，我们也希望，有更多的专家学者、老师同学投入到保护、传承、发展我们祖国丰富的优秀传统文化中来。

（原载《珠江论丛》2022年第1辑（总第31辑））

珠海三灶民歌

广东省非遗传承人蔡柳森访谈录

开篇文题[①]：蔡柳森，女，1945年农历八月出生在三灶镇鱼弄村，是家族的第三代三灶民歌传承人。6岁开始随母亲和村里的老人学唱三灶民歌，从中感受到歌中有故事、歌中有浓情，开始热爱，并坚守这项事业70多年。她于1963年初中毕业后，就在三灶镇凤鸣小学担任学前班教师，一干就是13年，后来做过文艺辅导员，进行文化宣传工作。她尤其擅长演唱三灶民歌中的哭嫁歌[②]，演唱的部分作品收编在《珠海三灶歌谣》《三灶民歌》等著作中，她是目前三灶唯一能唱哭嫁歌的人。

三灶民歌，是珠海三灶、南水、高栏、小林等海岛居民用粤语（广州话）世代传唱、表达心声的民歌，本是三灶岛民间流传的口头文学，传播于珠江口西部及港澳地区。它起源于清代道光年间（1821—1850），兴盛于清

①本文为广东省非物质文化遗产代表性传承人口述记录工程、珠海市文化馆“2022年珠海市非遗传承人抢救性工作”招标项目（项目编号CFZB2022-ZC-045FC）、珠海市金湾区文化广电旅游体育局“珠海市金湾区建立传统音乐非遗传承基地合作协议”项目（项目编号2019KYHX14015）、教育部人文社科百所研究基地中山大学中国非物质文化遗产研究中心珠海站（珠海科技学院）研究成果、“拾遗金湾”2022金湾区非物质文化遗产三灶民歌学术研讨会（2023年6月15日）提交成果。

②哭嫁歌又叫叹情歌，是姑娘在出嫁前向亲友诉说衷情的歌。姑娘出嫁前一周或半个月、有的则在出嫁前一个月，每天晚上开始在家唱，诉说女性在封建婚姻制度下的不幸命运和对自己亲人的眷恋不舍之情，曲调哀叹，宣泄忧伤。有两句式和多句式，音域不宽，开头句有“阿爸”“阿妈”“大哥”“好姐妹”“阿弟”等衬词。

末民国初年，已有180多年历史。据清道光七年（1827）《香山县志》记载："三灶山，在县西南二百里海中，林木葱翠，中有三石如灶，故名。有田三百余顷，皆极膏腴。其西为浪白滘，乌沙海汇其东，与横琴相对，皆抵南番大洋。古为海寇所据，今俗安耕凿，士乐诗书，弦诵之声熠然而起。"同治十二年（1873）《香山县志》记载："元宵灯火装演故事游戏，通衢舞者以击鼓为三节，歌者以击鼓为七节，又春宵结队彼此酬福，曰唱灯歌，又曰唱鹤歌。"

三灶民歌主要有鹤歌①、山歌②、白采莲③、哭嫁歌、八堡歌④等5个歌种。其内容广泛，涵盖劳动、时政、生活、情歌、婚嫁、叙事等方面，目前出版有《三灶民歌》《珠海三灶歌谣》等，其内容反映出岭南人那种宽容、好学、进取的精神风貌。歌词以赋比兴手法和艺术语言来表达熟悉的生活，形象丰富，有着较高的文学价值；曲调悦耳动听，喜怒哀乐皆有适度，保存着古老遗韵。它与沙田民歌一样，为广东的民歌艺术增添特色，为当今的文艺创作提供了有益的借鉴。

三灶民歌于2015年入选广东省非物质文化遗产代表性项目名录。蔡柳森于2015年被评为珠海市金湾区非物质文化遗产代表性项目"三灶民歌"传承人，于2017年6月被评为珠海市非物质文化遗产代表性项目"三灶民歌"传承

①鹤歌是在新春拜年或祝寿等喜庆场合伴随鹤舞而演唱的民歌，以第一句唱出"白鹤"作为比兴，歌唱家乡的人和事，祝福未来。又有古腔鹤歌、新腔鹤歌之分：古腔鹤歌保持传统的韵味，有两句式和多句式，前两句抒情，后两句豪放；新腔鹤歌吸收了山歌的风格，以独唱为主，常配以锣鼓乐。

②山歌以独唱为主，也有对唱，抒情悠扬，行腔自如，主要在山间或田野劳动休息时歌唱。有四句式和多句式，自行控制旋律的快慢、强弱，并在需要时添加"阿哥""阿妹""阿姐"或"咧""啊"等衬词。

③白采莲主要用于独唱和对唱，多为一段两句式或四句式，四句式的往往后两句重复前两句旋律，但在衬词或拉腔上有变化，如加长尾音。又有抒情白采莲和叙事白采莲之分，前者行腔舒展，后者行腔明快。

④八堡歌被三灶人称为"乡音之歌"而流传海内外。三灶岛古属于香山县地，清道光年间（1821—1850）其行政管理分为八个堡，三灶八堡歌就讲述了三灶这八个堡的地名、地貌、物产、风俗等。歌曲为"油求辙"，朗朗上口。

人，于2018年被评为广东省级非物质文化遗产代表性项目“三灶民歌”传承人。

我们的访谈从蔡柳森介绍自己的家庭开始[①]。

一、蔡柳森的家庭影响

何平（以下简称何）：蔡女士，您好，请介绍一下您的基本情况。

蔡柳森（以下简称蔡）：我生于1945年农历八月，台山[②]人，亲生父母很早就迁来三灶了。当时生活很艰苦，我们住在月堂村[③]王中山下搭的茅棚里，生父叫李耀南，生母叫彭玉珍。那时的社会比较落后，经济条件差，在我出生两个月后，我被放进一个没有提手的编织篮里送了人。我的养父叫蔡旺，养母叫关彩金，他们生活在三灶镇鱼弄村。

我的生父有两段婚姻，第一任也就是我的大妈，生了一男一女，后来她去世了；我的生母嫁给我父亲后，生了我们五兄妹，我排行老大。因为当时战争，养父母家原来的孩子在战乱中不幸离世，养父母就领养了我。养父对我并不是很好，那个时候养父经济条件不错，在外面包养了情人，对我们也不管不顾。当时我们生活很艰难，养母每天都早出晚归去打工，我6岁时，就开始照顾养母生的、那时已2岁的弟弟，一个人还要做全部家务，童年的生活一言难尽，非常艰苦，我总是很羡慕别人家的孩子有爸爸。

我从小就懂事、听话且勤劳，养母视我如掌上明珠，从来没有打骂过我。我们母子三人相依为命。

现如今，我的亲生父母已经过世，一母同胞的弟弟、妹妹现在还生活在台山，我们一直有联系。我和养母家的弟弟还有弟弟的家人相处都很融洽，相反，和亲生父母家庭的成员相处倒是很一般。养母生的弟弟前几年去世了。

---

①采访时间：2023年1月3—4日。采访地点：金湾区三灶镇市民文化中心、三灶鹤舞传习所。

②台山市，广东省辖县级市，由江门市代管。

③三灶镇的下辖村，现址为金湾区金海岸大道西172号。

我爱人因为甲亢已经去世半年多了，我们俩共有三儿一女，如今他们都成家了。

何：您是什么时候开始唱民歌的？

蔡：我的养母喜欢唱民歌，我五六岁的时候，经常听她唱，她是我名副其实的启蒙老师。我从小喜欢唱民歌，离不开她的影响。或许是天分和爱好，除民歌外，电影插曲、流行曲之类的我都会唱，而且很多歌曲我唱几遍就能记下来，并能熟练地唱出来。

那时，养母白天去工作，上山下海很辛苦，晚上才是我们母子三人的时光，我们经常在地堂①上铺张席子乘凉休息，这时养母就开始唱歌了，在这过程中也教我唱歌，这好像打开了我音乐世界的大门。我除了听养母唱，还经常听村里的老人们唱。那时候家里生活拮据，穷得揭不开锅，晚上我就去帮大人们打秧，因为这样可以得到两勺稀饭。打秧劳作很辛苦，这时大家为了娱乐气氛再加上有感而发就开始唱歌，回家我就把听到的民歌唱给养母听，唱得不对的地方，养母会纠正。

我不知道外祖母会不会唱民歌，因为没听养母说起过。我外公有两个老婆，第一个老婆是养母的亲妈，也就是我的外祖母，我没见过她。外婆去世后，外公又再婚，再婚的对象是外地人，不会唱三灶民歌。养母跟谁学唱民歌的，我也不太清楚，她81岁时去世了。养母这辈子很命苦，养父对她不好，就像现在的有些人，有了情人包了二奶，就对自己老婆不好了。

我9岁时去上学了，同时还要照顾弟弟、做家务，基本上没有时间学习唱歌。但那个时候但凡听到有人唱歌，比如别人结婚，结婚前的晚上要唱哭嫁歌，我都会去听，都会跟着唱。当时，我在村里还有三个关系很好的女孩子，我们一起学唱歌，但她们怎么学都学不会，而我一学就会。

1963年，我18岁，初中毕业。我从9岁开始上学，读了9年书，小学一年

①晒谷晒稻草的开阔场所，不少地方又称为禾堂。

级到三年级是在鱼弄村，四年级在三灶街小学，初一时就去了三灶中学，初中毕业后就上班了，22岁结婚。小时候到处都能听见有人唱歌，大人们一上山去砍柴、去割草，就唱歌，去海里捕鱼的就唱渔歌。

初中毕业后，我来到我们原来的凤鸣学校代课，教三年级学生，同时在村子里教村民读书识字，后来赶上凤鸣学校办学前班，也就是幼儿园，薪酬不错，一个月有60元工资，我就去做了幼儿园老师，前后大约做了13年。在幼儿园时，我的班里有50个小朋友，他们很乖巧听话，我负责教他们语文、数学、舞蹈、游戏，同时也会选择一些比较短的三灶民歌，教这些小朋友唱。那时，我依旧一个人既要做家务，又要务农。因为舍不得家人，几经考虑，虽不情愿但还是嫁回了本村，我爱人当时在银行上班，婚后对我很好。1978年，当时我们国家土地改革分田到户，我就回去耕地了。后来赶上国家政策好，代课教师转公办教师，这样我就有了好的退休福利。

那时，我参加了村里组织的宣传队，在农村，农事劳作是一件很辛苦的事，但是一唱歌跳舞，我就能立刻转换心情。在宣传队我办了个文化室，教大家唱歌跳舞。以前公社一开大会，我们就拿着竹板，到街头巷尾去唱歌宣传，我们还经常去别的村子表演，组织文化活动，大家不怕苦不怕累，什么活都干。

二、蔡柳森与三灶民歌

何：在听别人唱或者自学过程中，您形成了系统的学习方法吗？会不会记谱？在演唱三灶民歌中，有什么收获？

蔡：我不会记谱，在学习过程中没有谱子，很多老歌是通过以前的老人传唱下来的，歌词是即兴的。以前那些老人家没有念过什么书，他们见人唱人，见物唱物，将自己对生活的感悟，即兴地变成歌词唱出来，他们大多有感而发，而不会刻意去背歌词，因为本身他们也不识什么字。比如见到一个男性非常英俊，就唱：“阿哥啊……阿哥啊……你生得有型，生得漂亮啊！

你落塘洗面引得鱼跳水咧，你引得我几娘就颠倒颠。”“阿妹啊……你树下乘凉就独一溜咧，你有情绪就用讲句话。”这首歌的意思是我唱你男的长得帅，你唱我女的也是长得好。“阿哥啊……你生得有型，生得漂亮啊”是说这个男的长得很英俊。“你落塘洗面引得鱼跳水咧，你引得我几娘就颠倒颠”讲的是你生得英俊，下塘洗脸引得鱼跳出了水面；下塘洗脸鱼跳水，意思是说吸引得女子神魂颠倒。

我喜欢唱民歌，我是一个爱唱歌的人，什么歌都爱唱，唱歌记谱也快，这应该是一种天分吧，因为同时学习，人家怎么都学不会，我听一遍就差不多能唱出来。在学唱三灶民歌过程中，我自己觉得还是很顺利的。

何：演唱三灶民歌，您是经常自己唱吗？

蔡：2012年以前主要是自己唱，现在更多的是和民歌队朋友们一起唱，有时也对唱。2012年，我在三灶镇的伟民广场[①]参加民歌比赛，那是我第一次在比赛中独唱，取得了名次。后来在三灶市民艺术中心的支持下，我们组建了民歌队，共有13人，其中3名男歌手，年纪最小的40多岁，最大的有60岁。民歌队经常去参加表演，有独唱也有数人的对唱，这么多年过去了，除去一些队友回家带孙子，坚持下来的还有10个姐妹。

何：您是怎样坚持唱民歌的？

蔡：我们鱼弄村有一个小地堂，一到晚上全村男女老少都会聚集在一起铺着席子在那里乘凉，人一多大家就你一句我一句唱山歌，兴致上来时村民们就开始对唱，这个给当时年幼的我留下很深的印象，那时我就边听边跟着唱，并唱给我的养母听，有些唱不好的地方，就请教养母。养母去世后，我经常思念她，尤其在夜深人静的时候，想到她一个人含辛茹苦把我拉扯大，

①指林伟民纪念广场，位于珠海市金湾区三灶镇，是三灶镇标志性建筑，为纪念早期中国工人运动的杰出领袖林伟民而建。

就不免伤心。在她的影响之下，我也很独立，一个人打理家里的田产，不怕苦不怕累，好在如今我的儿女们都比较争气，也很孝顺，我的生活苦尽甘来。

因为养母每天出去工作，我除了上学还要一个人照顾弟弟、做家务，基本上很少有时间出门去听别人唱歌，但是对唱歌的热爱并没有停止，经常一个人在家里唱。我们的邻居有一个30来岁未婚的阿姨，我养母就叫我和她对歌，她用歌声回我，一来二去对着唱。我经验少，有时接不上她的歌词，回家后，养母就教我唱歌驳她。总之，上学后仍然坚持唱歌，但花的时间就不太多了。

结婚后，作为一种娱乐方式，晚上有时也唱一唱。

何：您认为，怎样才能把三灶民歌唱好？需要注意哪些演唱技巧？

蔡：三灶民歌最大的特色是完全用三灶地方方言来演唱，三灶话和广府话差不多。唱的过程中声线要温柔，发音上有拖腔。上了年纪的人学习三灶民歌音准还不错，就是不识字、记忆力差，所以要反复教唱。小学生就没有这方面的困难，他们学习快，但是他们发音不准，尤其是后来迁居到三灶的小学生。

以前我唱什么歌嗓音都很好，三灶故事会会长李正兴[①]写了一篇文章，称我为“海岛百灵”。年轻人爱唱情歌，我们上了年纪的就喜欢唱友情歌[②]，而且是男女对唱；哭嫁歌我最擅长，但不经常唱，主要还是因为内容、曲调太伤感了，时代不需要了，除非有活动，主办方要求一定要演唱哭嫁歌。

我演唱三灶民歌除了嘹亮高亢的声音、用正宗的三灶话，以及对拖腔的处理，更主要的还是感情的投入，我唱哭嫁歌，唱一次哭一次，不能自拔[③]。

三灶民歌是对生活的感情抒发，娓娓道来，不疾不徐，这就是我们讲的

①当地民间社团组织负责人。

②三灶民歌中歌唱友情的歌曲，通常为男女对唱。

③采访中，蔡柳森唱哭嫁歌时，我们都被那充满感情的歌声深深地打动。

演唱时的声线、情感都需要柔和一些。比如我们这里有个人，她性情急躁，唱出来的民歌就不够好听。另外一个人，她唱的声音比较温柔，就好听很多。

何：您擅长唱的三灶民歌是什么类型的？

蔡：三灶民歌中有山歌、白采莲、哭嫁歌、鹤歌，以及八堡歌，我会根据不同的生活场景唱不同的曲调，我最擅长唱的是哭嫁歌。我也是在别人出嫁时听别人唱、跟着学的。小时候同村的女孩出嫁，我年纪小也爱凑这个热闹，就去新娘家里听。出嫁前的几个晚上，新娘都要通过唱歌的方式来表达对家人的不舍，哭嫁歌描述的内容比较伤感，有一些新娘的妈妈是后母，碰上后母对她不好的，就会唱得格外凄苦。虽然我还小，但是由于成长环境的影响，我对哭嫁歌格外有感触。

现在三灶只有我一个人能完整唱下来，以前会唱哭嫁歌的老人现在都不在世了，而我这个年纪的又没有人会唱了，所以传承就很重要了。现在已好久没有人唱哭嫁歌了，也没有人请我去唱，都是要嫁女儿的人自己唱的，他们自己想怎么哭就怎么哭。我22岁出嫁时，还要唱哭嫁歌。由于哭嫁歌曲调忧伤、哀婉，不太符合年轻人的性格以及时代特点，年轻人都不愿意学。特别是现在生活越来越好，幸福指数越来越高，当代女孩子出嫁是幸福甜蜜的，不会难过和哭泣，年轻女孩结婚都不需要唱哭嫁歌了，哭嫁歌的传承也就成了问题。

唱哭嫁歌都是半读半唱的，我唱一段有关童养媳的：

一岁叫，二岁爬，三岁拉柴阿妈笑，四岁车乱麻乱，五岁就谈恋伴，六岁担张凳子就识换钱吊兰花咧，七岁人来问，八岁阿妈唱情人，九岁拉近拉低就近人嫁。

然后，她嫁到南郊头啦，后面的歌词大概是这样：她家公要吃鲤鱼汤，家婆要吃番茄鸡蛋汤，她大伯来吃饭的时候打伤了她的脸，还把桌椅板凳都掀翻了，每个人都来欺负她。这首歌我唱一次哭一次，故事很悲情，唱得好伤心。

我再唱新娘出门的那些段，这是出嫁那天唱的。出嫁前是妈妈唱，哭女儿出嫁；女儿唱，哭与妈妈离别。妈妈哭女儿的歌词，是吩咐女儿怎样服侍家公家婆，对待丈夫老人，怎样做人，等等。出嫁那天早上，女儿就奉茶奉酒给父母喝，父母喝完了女儿就出嫁，出嫁的时候大哥帮她挂红，弟弟要打一把雨伞。出嫁那天是这样唱的：

出门哭爸妈：
阿爸呀，今日饮了你女果杯离别酒，
你可不要，你别走阿爸，
阿爸我爸今日饮了你，饮了你女果杯离别长福又长寿。
阿妈呀，今日饮了你女果杯离别酒，
就离别走了妈哦，
阿妈你今日饮了，饮了你女果杯离别到白头。

出门哭哥嫂：
我大哥大嫂呀，
今日阿妹离开大哥，
家堂就系别人屋女啰，
我大哥当爷嫂当奶啰，
一家之主你话埋。
我大嫂呀，
我地亚爸亚妈年纪老啰，
家中有乜事情都要我大哥大嫂来操劳呀。

出门哭大哥：
我大哥呀，大哥挂红就挂左边，

留返右边起屋兼买田，
我大哥挂红挂上榕树尾咧，
我大哥榕树婆娑养孩儿，
我大哥呀，石板砌桥以为同我大哥行到老，
今日行到桥头桥板断咧，
我大哥呀，石板砌桥以为同我大哥行到老，
今日水浸桥头都乜路行，
大哥。
大哥呀，今日离开我大哥家堂我就别家人屋女啦，
我望我大哥样样揩来就样样好啊，
望我大哥左手拉男右拉女咧，
行出街头样样都好过人呀。①

出门哭弟弟：
阿弟呀，你遮阿姐出门就步步高呀，
步步高升就胜过人。
阿弟呀，你遮阿姐出门就炮仗响，
炮仗连响享荣华。
阿弟呀，你要听教又听话，
勤恳读书勤写字，
快高长大早早成家莫推迟。

出门哭阿妹：
阿妹呀，我难舍你呀难舍你啰，

①这段歌词的意思是：希望大哥，每件事情都如意，以后结婚生子，左手牵男孩，右手牵女孩，每件事情的成就都比别人好。

我心中难舍又难离呀，
我姐妹情长夜又短哩，
千言万语都讲唔完呀。

阿妹哭家姐：
阿姐呀，同阿姐同床共枕有十几年，
相依相伴情意绵绵，
阿姐嫁呀，阿妹愁，
想起阿姐就眼泪流呀。
日日担水煮饭洗衣裳呀，
全部家务都系阿姐来担头，
今日同姐离别开，
唔知何时就的相会。
阿姐呀，你今日就嫁出外乡啰，
我地祝你岁岁平安身体健康，
兄弟姐妹常来往呀，
一有时间就返来探望亲爹娘，
送姐送到村门口呀，
眼泪流流难分手。

白采莲的基本曲调是两句，比较容易记；相比起来山歌比较长，难度稍微大一点，音就拉得长一点，温柔一点。白采莲、鹤歌，我没有学过，可以唱短短一两句，但是如果与会唱的人一起唱，我就可以唱下来，但是这些就不是我擅长演唱的歌曲了。

我可以唱100来首三灶民歌，其他民歌，如咸水歌、客家山歌，等等，这些基本上我都会唱，但是唱得最好的还是哭嫁歌。

以前三灶共有八个堡，当地人就把三灶每个村落的故事编成歌唱出来了，成为三灶八堡歌，其歌词就是把三灶34个村子的名，也就是地名串在一起，通过夸张、比喻、拟人、谐音等修辞手法，赋予人们联想。我小时候就听到老一辈人在唱，老人们年纪大，相继离世，慢慢地，唱的人也就少了，我就只记得27个村的歌词，我参加金湾区民歌比赛唱这首歌拿了二等奖。歌曲开头是这样唱的：

上表旗杆桂香清，下表旗杆桂香油，①
塞紧草堂来种藕，莲子开花球对球，
圣堂古庙结春秋，圣堂古庙搭甜头。

每年港澳地区，我们三灶同乡会人员团聚，都有人演唱三灶八堡歌，尽管他们对歌词记得不完全，但三灶八堡歌对上一代三灶人来讲，已然成了一种乡愁记忆，那些港澳同乡都很喜欢听，我就现场教他们唱。我还将我编辑的《柳林森韵》②送给了港澳同乡，他们有的还拿给在香港和澳门的同乡，与身边的人分享这本书。他们还夸我说为什么这么会唱歌，他们很喜欢听我唱歌，欣赏之余表达着对家乡的无尽思念。这就是三灶民歌的魅力，它是我们三灶人的乡情纽带。

何：三灶民歌的歌词有什么讲究？您是怎样学习编歌词的？

蔡：三灶民歌有韵律要求，每句歌词最后字的音调要相同才好听，最后一个字音调不相同就不好听了，所以三灶民歌每句歌词的最后大多数都是同一个音。

三灶民歌每句歌词都比较对称，如这样的歌词：“我同你唱同你唱，唱到太阳就对月亮，唱到麒麟就对狮子咧，唱出金鸡就对凤凰啊……”麒麟和狮

①上表、下表，指海澄行政村的上表村和下表村2个自然村。

②《柳林森韵》是蔡柳森编辑的一本记录自己演唱的三灶民歌的歌词册子，其中有三灶八堡歌、哭嫁歌等。

子外形差不多，歌词的意思是很清晰的。

三灶民歌还有这样一个特点，就是将两句话合成一个意思，富于感情特点，而非随便唱出来。比如唱“阿哥你耕田咩”这样就不行，唱“阿哥你去捞鱼咩”这样也不行。要这样唱：“郎哥捞鱼，弯个湾系嘛。”意思是，阿哥去捞鱼，就绕一个湾一个湾，这样唱出来就富于感情。只“郎哥弯个湾”这样的歌词和唱法显得不够深情，也缺少诚意，因为这首歌要很有感情、很温柔。

我编歌词主要是听老人家说，小时候听他们聊天记下的。

何：您是怎样做民歌的收集工作的？

蔡：当时整理编辑三灶民歌时，三灶市民文化中心的领导建议我不要编所谓的三灶新民歌，他们要求，要把那些民间传承下来的、由那些老人家一代代传唱下来的民歌编辑出来。现在收集整理的三灶民歌，反映了我们三灶本地的风土人情，有故事、有内容、有三灶人的处世智慧，是基于我们的民风、我们的日常生产劳作的真实记录。

编辑时，全部由我根据记忆来整理，我尽可能编辑那些传承下来的老歌，另外再编一些新的符合现在社会的歌曲，用来教学生。我在三灶小学教了五年即十个学期的三灶民歌，教了不少小学生，所以在内容上我需要准备一些符合他们这个年龄的歌曲，比如要珍惜时间好好学习的，了解粮食来之不易、珍惜粮食的，如插秧歌，还有就是尊重老人的一些歌曲。我的小儿媳妇，是珠海一所学校的校长，建议我把会唱的歌曲编撰成书。我会唱的民歌有百十来首，有一大部分编辑进《三灶民歌》出版了，考虑到版权，我把会唱的、至今没有出版过的歌曲编辑、整理出来，自费印成《柳林森韵》小书，第一次印刷了50套，并把它送给了亲戚朋友，还有一些港澳的同胞。

何：您唱三灶民歌这么多年，有哪些经验和心得或者感触？

蔡：让我难忘的一次经历是参加林伟民广场的那次民歌比赛，那次比赛也是我传承三灶民歌的开始。在民歌演唱上，我先天嗓音就不错，比较嘹亮。现在，三灶民歌成了我生活的一部分，做饭、洗衣时，甚至晚上睡不着时我都会唱。

31岁时，我学习了八堡歌，是和全村人一起唱的，还记得那次下着雨，找村里老人唱八堡歌，唱完后，我飞快地跑回家，凭着记忆在小本子上把它记录下来。这么多年过去了，我今年已经78岁了，这首歌我还坚持经常唱，不唱肯定就会忘了。我曾经在金湾区文化馆的比赛中，演唱三灶八堡歌取得了二等奖的成绩，这更加坚定了我坚持唱三灶民歌的信心。

三、三灶民歌的传承

何：您那么喜爱民歌，您的子女喜欢不喜欢呢？

蔡：我的家人不太热衷唱三灶民歌，但是他们很支持我传唱，金湾区文化馆曾经建议我把三灶民歌传承给我女儿，但是她并不爱好这件事，所以就没有再提这件事了。我爱人对我很关爱，日常相处中，会在家里和我唱两句。

何：您怎么判断一个人歌唱得好与唱得不好？

蔡：第一个就是看三灶话准不准，比如这个“清”字的读音，广东话读“清”，我们三灶话读“情”，比较淡一点低音一点。“山清水秀鱼美香”，这里的“清”在三灶话里就读“情”。用三灶话唱会比较好听，不是三灶话就不是正宗的三灶民歌了。

第二个是拉长音，也就是对拖音的处理，并不是每一句拉的长音都一样，有的中间两句拉得短一点，唱的音连着些就比较有节奏。比如“围绕高山、围绕高山就为好聊，阿妹……”开始就四个字连着一起唱出来：“围绕高山，就为好聊，阿妹围绕去养觅……”然后在最后的地方拉长一点：“就好好耕田，围绕高山就为好聊，围绕海洋就好耕田。”有的字句连在一起，有的分开，有高、低音之分，如果声调相似就不好听了，就缺少了韵律。我唱“阿哥阿哥阿哥”，这个声音就很温柔，我唱“阿妹啊……”，最后那个拖音就较长一点，如果只是唱“围绕高山就为好聊”就停下来、不拉长音，就没有那么丰富的感情了。如果我唱“围绕高山，围绕高山就为好聊啊……阿妹……围绕海洋就好耕田，我开的珍珠就容易找，我知心朋友咩，多实难寻”，就是采用拖腔的音调，如果不这样就停下来，就好像要吵架一样。总体讲，要唱得温柔些才能更好地抒发感情。

何：您现在除了唱三灶民歌还从事哪些工作？

蔡：我现在早上做完家务，就去老人社区教老人唱民歌，我连续几年都在三灶中心小学教学生唱民歌，金湾区文化馆和三灶镇市民艺术中心经常组织我们送文化下乡，由此我有很多机会下乡去教村里老人唱民歌，像鱼月村①、鱼林村②，还有西区的草堂③、海澄村④等我都去教过，那些老人在家带孙子，不方便来镇上学习，我们就去他们村子里教。

何：您现在培训了多少人唱歌了？怎样培训的？

蔡：每一个乡村我都去教过，有时一次教20多人，教了几百人了。我去珠海艺术职业学院时，每次都有100多人上课，去了10多次。我教他们唱民歌，他们还排了两个节目，是小品类型的，虽然剧本不是我写的，但里面歌

①鱼月村位于三灶镇北部，是三灶镇下辖的一个行政村，与三灶科技工业园相邻，机场西路贯通全村，交通便利。

②鱼林村位于三灶镇的西部，是三灶镇占地3平方千米的工业园区的所在地。鱼林村下辖石基、榄坑、东升、红星、卫国、前锋6个自然村，现有常住人口1930人，外来人口约5000人。

③草堂村是三灶镇的一个村落，它始建于1940年，当时叫做潮山村，位于金湾区凤凰山的山麓，距离金湾区政府办公中心约7千米，是珠海市文化历史名村之一。

④海澄村位于三灶镇的东南面，是珠海机场和珠海国际航空航天展馆所在地，距离珠海市区45千米，距离金湾区政府办公中心20千米，是三灶镇最大的行政村。全村总面积18平方千米。2019年12月25日，被评为国家森林乡村。

唱的部分都是我教的。我还去过一所高校[①]教他们唱歌，下面坐了差不多100人，大多是护士，还有教授和老师坐在下面听我讲课。

我在三灶中心小学教了5年，教小学生是一星期一次，有时学生有30多人，有时20多人来听课。算下来，我的学生有上千人了。我在三灶中心小学教三灶民歌，会根据学生们的年纪和接受程度而制定不同的教学内容：对于高年级的孩子，我教的是三灶八堡歌，因为三灶八堡歌涉及很多地理知识和生活常识，太小的孩子不容易理解，所以我教的学生基本是六年级的孩子。中心小学的六年级有四个班，他们学业比较重，有升学压力，这个学期我只给他们上了一节课，算是体验课了。

三、四年级的学生，我就教他们唱我编写的民歌。那些学生很乖巧听话，他们不仅是我的学生，更像是我的孩子，所以平时给他们上课，我还会带一些吃的给他们，就像对待我的孙子孙女一样，他们唱得不好，我从来不骂他们，这也是我和他们的缘分。

但老人家文化水平有限，他们不识字，没有系统学习过音乐知识，教唱就要花些时间了，不能用歌词教，只能让他们一遍遍地跟着学唱。

在三灶我还有一群姐妹，每天上午我都去教她们唱歌，学一首新的歌曲得花费她们一星期的时间，老人家的学习能力和记忆都不太好。有时候学唱歌时，她们还要去参加活动演出、学舞蹈去表演，学习时间就要预留得更加充足，至少要提前半个月。每天排练跳舞唱歌就花了一个上午的时间，下午她们还有自己的文娱休闲活动，比如打麻将啊。我们是在三灶的老人社区活动，政府专门给我们民歌队排练场地，将近有一层楼，支持我们学习传播三灶民歌。

我有13个徒弟，3个男性，10个女性。年纪从40岁到60来岁不等，其中我有两个男性徒弟都已经去世了，有一个年轻的女徒弟，40来岁，海澄村人，很有天赋，她唱得也不错，我想培养她做传承人。

---

①指遵义医科大学珠海校区。

我带的徒弟中有一些与我年纪差不多的，关系都很好，像兄弟姐妹一样。还有一些是小孩，有一个小孩在他读小学二年级时，他妈妈就带他来唱了。我只在金湾区指定的三灶中心学校教，每次教都有其他老师协助上课，还要拍照存档，作为教学资料。

何：唱三灶民歌有没有性别限制？男女唱歌有什么不一样？

蔡：三灶民歌在演唱上没有性别限制的，如果一个人真心喜欢唱民歌，歌词、曲调和唱法上没有任何性别上的壁垒，比如说我们在男女对歌中，我只要会唱，男性部分和女性部分的唱段，我都可以唱。刚刚提到我的徒弟，大部分都是女生，对歌演唱时，我们10个女性中，有5个是要唱男生部分的。总的来说，喜欢三灶民歌而且会唱的人中女性偏多，男性少。

何：您唱三灶民歌，有没有中断过、不让唱的时候？

蔡：没有，即使“文化大革命”时期也是唱的。现在农村的老人家有时间还唱，他们坐在一起聊天就唱起歌来，没有受外面时代的影响。

何：我了解到三灶有很多节庆活动，您会去参加并在活动中演唱三灶民歌吗？您在这些活动中会唱哪些歌曲？都是您自己编的歌吗？

蔡：我经常在节假日参加市、区举办的各类展演汇演活动，都取得了不错的成绩，而且喜欢与台下的群众互动。在什么节日就唱什么歌，我就编什么节日的歌。比如过年我们就会唱《舞狮子》：

舞狮子，过新年，大家开心乐绵绵，炮仗连响半边天咧，
生意兴隆揾大钱[1]，人间灯火就真兴旺咯，幸福生活咧万万年呐！

①当地方言，赚大钱的意思。

何：您在三灶民歌的整理挖掘方面，做了哪些工作？2015年三灶民歌获得了省级传承项目后，三灶民歌是不是有更好的传播和发展？

蔡：三灶民歌中的传统歌曲和新编歌曲我都在唱，有一些新的是要自己编写的，比如说《插秧对歌》，有传统旧的和新的版本，新的版本我编写出来后就用来教小朋友，还有编写读书人中状元这类主题的歌曲教小朋友唱。《中秋节》这首歌的歌词有一半是以前流传下来的，我就自己再编写一点，新旧相结合。《爬龙舟》①他们没叫我编写，是我自己写的。现在的三灶民歌既传承以前的内容，也结合了新的东西。2015年三灶民歌获得省级传承项目后，我觉得国家很重视非遗，所以有什么活动和节日叫我们去演唱，我们都去，去做好传承发展的工作。

对三灶民歌要怎样保护传承我没有太多想法，我现在就是一心一意要把民歌唱响传承下去，不要辜负老一辈人的心血，要年轻的小朋友知道以前的歌是怎么唱的，以前老一辈的人是不识字没书读的，三灶民歌的歌词是他们发自内心的话，一首民歌有好多道理——教他们做人的道理。

何：您在民歌队里做哪些工作？

蔡：我是三灶民歌队的队长，做这份工作很有乐趣。我们经常受邀参加表演，除了组织队员们排练，有时候要去哪里表演、需要几个表演的老师、表演什么曲目、怎样的表演形式都由我来安排。我们民歌队的人年纪在40岁到60来岁之间，这些人在各自家庭都担任着重要角色，比如照顾家里长辈、照顾孙子等，有一些年轻的还有自己的工作，我就会根据演出需要来协调他们的时间，为了演出顺利，在演出前组织他们排练。

何：您还采用了些什么方法，把三灶民歌传承下去？

①赛龙舟的意思。

蔡：我年纪大了，精力也有限，我自己不开培训班，我们三灶市民艺术中心经常会组织惠民的文化普及活动，就会请我去做讲师。前些时候刚举办完两期，每月一期，总共10天。前年在林伟民广场陈列馆举办了很多活动，每天有50人的培训，前后10天。参加培训的学生每天有50元的补助，我作为讲师每天有100元的教学补贴。

我们每次去表演都有补贴，可能是国家发下来的补贴。每年国家都有一部分钱发下来用于三灶民歌的保护传承。我开始是金湾区非遗传承人，还有两位老人也是金湾区非遗传承人，后来我成为省级非遗传承人了。记得有一次中秋节去珠海度假村演出，来看演出的都是大老板，他们给钱，我们不要，因为我们本来就不是为了钱而去演出，但是大老板还是给，每次演出都给。我们有国家补贴，我们也是老人家了，不需要那么多钱，只希望可以好好履行身为一个传承人的义务，担负起传播三灶民歌的责任。

何：三灶民歌的产生是不是与它的地理位置有关？

蔡：三灶以前是一座小岛，四周都是海，去哪里都要坐船，没有陆路可走，交通不便。去小林[①]就要花一天时间，去南水[②]或者中山，也要一天一夜的时间，交通不方便。但是三灶有山有水，物产丰富，人民勤劳，所以不愁不忧。不过以前不去外地谋生就没有生活保障，所以有的三灶人去我国澳门、香港谋生，来改善自己的生活环境。生活条件差，生活物资匮乏，只能靠山吃山，靠海吃海，三灶山清水秀，水产资源很丰富，只要自己有能力去捕鱼就有得吃。

因为交通比较闭塞，所以民歌保留相对比较好。后来发展好了，路通了，三灶人现在也不穷了，比较富裕了。

①小林村位于金湾区红旗镇。

②南水镇，地处金湾区西南端，珠江鸡啼门至虎跳门出海口之间，由高栏、南水两个半岛和三角山、荷包、大杜等18个海岛组成。东临三灶镇，与澳门隔海相望，东南、西南临南海，北临平沙镇。辖区总面积149.87平方千米。2019年末，南水镇户籍人口有14 587人。

访谈后记

我们的访谈告一段落，从采访中可以看出，蔡柳森对省级非遗项目三灶民歌的保护传承始终抱有乐观态度。她讲话朴实，毫不掩饰，有些事情是娓娓道来的。我们祝愿蔡柳森的三灶民歌保护传承工作有更好的发展，祝愿她为非遗保护传承做出更多贡献。

珠海三灶竹草编织技艺

广东省非遗传承人汤何佳访谈录

开篇文题[①]：汤何佳，男，1947年农历五月九日出生于三灶镇正表村，从小跟随母亲和村里的老人学习编织技艺，至今已有60多年。编织的作品有30多种，其中有圆盖双层提篮、黄线骨头篷、藤耳礼担箩、五方花簸箕、青蛙笼、礼果篮、鱼篓等，种类丰富，美观大方。他曾多次携三灶竹草编织作品参加省、市、区举办的各类大型展示展演和宣传推广活动，其娴熟的技艺和做工的精巧，得到了专家和群众的好评和肯定。

为了让更多人了解到、体会到、感受到手工传统技艺的魅力，汤何佳经常不辞劳苦到周边的大中小学，给学生们耐心讲解和传授编织的知识和技巧，从2015年至今已培养60多名中小学生传承人，对慕名前来学习编织的群众，也是用心对待、细心指导。目前有陈佛喜、吴欢兴等多名徒弟在向他学习编织技艺。

三灶竹草编织技艺，是指珠海市三灶镇民间传统的草编织和竹编织技艺，其产品有大小款式的草席、手袖和各式各样的箩、篸、笼、篮、筛、

①本文为广东省非物质文化遗产代表性传承人口述记录工程、珠海市文化馆“2022年珠海市非遗传承人抢救性工作”招标项目（项目编号CFZB2022-ZC-045FC）、珠海市金湾区文化广电旅游体育局“珠海市金湾区建立传统音乐非遗传承基地合作协议”项目（项目编号2019KYHX14015）、教育部人文社科百所研究基地中山大学中国非物质文化遗产研究中心珠海站（珠海科技学院）研究成果。

箕、篷、罩，等等，据不完全统计品种达38种。这些编织品有的属生产用具，有的是生活用具，还有的被当作礼品馈赠。例如，坎花手袖、蟹脊黄线骨头篷、五方花簸箕和藤耳礼担箩仔等，其工艺之精致为我们留下了农耕时代难忘的记忆。

这种工艺以珠江口外三灶岛的海岛渔农经济生产生活方式为依托，出现在明代嘉靖年间（1522—1566），成熟于清代光绪年间（1875—1908），新中国成立后至1966年趋向高峰期。那时候的三灶，家家户户的成年人都会编织。1952年夏，在广州举办的“中苏友好农业产品展览会”上，三灶的“黄线骨头篷”被送往参展，受到好评。1958年至1960年三灶在春花园村开办织帽厂，生产“三灶黄线骨头篷”（即“渔民帽”）。之后，“黄线骨头篷”的产品传播和影响到两广和海南沿海地区。

三灶竹草编织技艺于2015年入选广东省非物质文化遗产代表性项目名录。汤何佳于2015年被评为珠海市金湾区非物质文化遗产代表性项目“三灶竹草编织技艺”传承人，于2017年6月被评为珠海市非物质文化遗产代表性项目“三灶竹草编织技艺”传承人，于2018年被评为广东省级非物质文化遗产代表性项目“三灶竹草编织技艺”传承人。

我们的访谈从汤何佳谈他的家庭开始[①]。

一、早期的生活经历

何平（以下简称何）：汤先生，您好，请介绍下您自己的基本情况，包括上学、家庭，以及您从事的工作。

汤何佳（以下简称汤）：我叫汤何佳，1947年农历五月九日出生在一个务农家庭。父亲叫汤定平，母亲叫詹世洁。父母亲养育了我、大哥和四姐妹，但是两个姐姐在躲避日本侵略时失踪了，一直未能找到。我们家境贫

①采访时间：2023年2月20—21日。采访地点：金湾区三灶镇正表村汤何佳家中。

寒，父亲需要通过打渔、养猪以及卖猪肉来维持家庭生计。我很小的时候就受到了父母的影响，具体是几岁开始学习编织不太清楚了。

我3岁时，因为脚伤导致不能正常走路，只能靠爬行，家人无法知道我的痛楚，直到12岁我才学会走路，但仍然难以表达自己的感受。医生为了治疗我的脚伤，扭我的脚踝，导致我的疾病变得更加严重，不能从事渔业工作。因此，我在15岁左右就正式开始从事编织工作，并一直从事此工作，包括“文化大革命”时期。1972年，我办理了身体残疾证明，检查结果显示是骨结核。由于我12岁才学会走路，十七八岁时才上学，因此只读了两年小学，我没有继续上学与我的腿不好有关。我在1989年曾去江门和佛山①治疗脚部疾病，最终治好了。

我就读的小学是位于三灶的海澄小学②，20岁时已经读了两年书，学会了编织盖东西用的坎仔③，这也算是一种手艺。当时海澄小学的老师有些来自茂名电白④，有些则来自中山石岐⑤，他们非常敬业，每个星期还会来家访一次，如果我们有不懂的知识，他们就会耐心地给我们讲解。

小时候我常和姐姐一起去白藤头⑥搭船捞鱼，即使河水湍急，我们也能捕捉到许多鱼，有时能捕到五六十条，然后找朋友去卖，交钱给捞鱼队和村里的人。父亲出去打渔时，我会随父亲一起干，如果海面天气不好，我们会去晒谷，晚上帮别人看谷。

我开始的活是给别人看牛，当时我还要抽空砍竹子，中午休息时抓紧时间砍竹子编织坎仔，而后再回来看牛。当时外面有很多小鸟，我就拿坎仔去捕捉，用我自己编织的东西很容易捕捉到。我当时一边编织一边看牛，就这样过了十多年，在这段时间我学会了编织竹草制品，并在厂里和其他地方慢

①广东省江门市和佛山市，位于珠江三角洲附近，临近珠海三灶。

②这所学校在扩建珠海飞机场时被拆掉了。

③坎仔，编织品的一种，可以捕捉小鸟。

④隶属于广东省茂名市，位于广东西南沿海。

⑤隶属于中山市，距离三灶镇较近。

⑥白藤头隶属于斗门区白蕉镇，位于斗门和金湾交界处。

慢学习。我织的东西很受欢迎，尤其是我织的篮子和围带更是如此。所以生产队就让我专门给他们编织竹草制品。一开始有7个人和我一起从事这样的工作，但最后只剩我一人了，直到父亲叫队长带我去横洲[①]工作，但后来因行情不好我就只能回家耕田了。由于脚不好，耕田非常费劲，所以我又做回看牛的工作，并学会了编织大围。之后生产队进行了田地分配，父亲也年纪大了，需要我接手家里的活了。

分田到户时期，我家领了二十多亩田，除给国家上缴千余斤公粮，每年剩余的都留给自己。干农活很辛苦，我妻子常常因为收割稻谷而受伤。我们结婚后有两个孩子，要供两个孩子读书，家庭压力很大，如果不是妻子的付出和坚持，我们可能都无法生存。

当时有一阵子，大概有一个月，我的头疼得很厉害，妻子去银行贷款治疗我的头痛，医生建议我住院十天进行治疗。我们把钱包翻给医生看，告诉他出院的时候我们会付款。但当医生治好了我以后，我只能送给医生一些当地特产表示感谢。当时我们真的过得很艰难，现在时代变了，日子好过多了，但是过去的经历让我深刻感受到生活的不易。现在我已经快76岁了，眼睛也已经看不太清东西了。

我儿子十三四岁时，我曾进行过耳朵切瘤的手术，医生开了三个月的药并打了15支针。我现在基本上听不见声音了，只能靠双手比画和写字来领略意思，但讲话没问题。

我不能耕田，只好编织篮子、帽子等物品进行售卖。分田到户后，我仍继续编织，但数量变少了。我曾去养蚝和在蚝庄工作，晚上也编织物品，赚取生活补贴，但现代工艺品兴起后，我编织的东西没有竞争力，所以卖不出去了。暂停了一段时间，直到三灶镇负责非遗工作的人员挖掘出这些非物质文化遗产，我才恢复了编织工作。这个手艺虽然曾中断过，但编织的技巧仍存于

①指珠海横洲岛，在香洲东南部38千米处，珠江口南部万山列岛之东。东距竹洲岛1千米，西北距澳门32.8千米。面积0.54平方千米。以岛屿形状得名，主峰横洲顶位于北部偏西，可鸟瞰全岛。

我的脑海中。

我学会编织以后，编了许多大围来装谷物。我曾教别人编织，但有些人很难学会，这需要耐心和技巧。我也曾在佛山卖过编织品，但有人告诉我，外面买回来的比我编织的还漂亮，所以我觉得卖编织物品确实很难。后来我去东咀的学校教学生如何编织小船，大概教了50个学生，也录制了教学视频，我得到800元的讲课费。我还在金湾区的学校教学，也同意把编织品放在那里展览，后来学校收集了我的编织品。

何：谈谈您学习三灶编织技艺的经历。

汤：刚开始，我编织出来的东西也不美观，每次都要重新做，后来向一个会编织的婆婆学习，她告诉我，要能沉得住气、不怕困难就能学会。从此我一直沉浸在学习中，技艺也越来越高。小时候并不会考虑未来，只知道砍竹子练习编织，后来去工厂打工，那里有很多竹子，每个人都可以在自家砍竹子学习编织。我在旧屋那边编织，一边练习一边学，技艺越来越高。编织工作非常辛苦，要先把竹筒削成竹篾，然后一条条编织起来，那些竹子里面有很多竹屑会刺手，我的手被刺到不知多少次了。虽然编织很辛苦，但由于身体先天的缺陷，我并没有其他的谋生手段，就一心做这项工作了，慢慢地我还学会了编织帽子、红线巾等。但是现在机械化水平高，做出来的东西又便宜又好看，即使我制作的竹编制品很精美，也没有人来买。

后来三灶市民文化中心的人找我，让我出一份力支持下文化中心的工作，编织一些东西陈列展示供大家欣赏，所以我就又开始编织了。编织工作不简单，需要很多步骤，而且很费时间和精力，有时候编一件作品需要花两三天的时间，编织一顶帽子甚至需要一个星期的时间，而卖这顶帽子也就1000元左右。

其实，我有时候觉得做编织工作，还不如去茶楼打工，去茶楼打工一天可以赚到120元钱，还包两顿饭，而编织一天100元都赚不到。我已经不再制作这些凳子或床，我觉得，实际上，现在的编织工作已经没有什么价值了。现实就是这么残酷，这些东西真的已经没有什么价值了。现在没多少人想要编织竹子。如今我们可以用竹子来编织成的凳子或床，机器就可以编织，至于藤椅，市面上也有很多。

何：您当时为什么没去上学？

汤：因为家境贫困，我哥哥甚至不会写字。虽然新中国成立后可以免费上学了，但我们没能上学。哥哥已经移居国外了。我当时没有妻子，哥哥介绍了现在的妻子嫁给了我。

我们本来有三个孩子，但其中一个夭折了。我们很贫困，婚礼时只能送些东西当作彩礼给她父母，没有给钱。

二、汤何佳的三灶编织技艺

何：谈谈您的编织经验。您的哪些编织品最好？您是从哪里学会编织的，这些作品是自己设计的吗？

汤：我会编织很多东西，如船、鸡笼、帽子、猪笼等。我基本上是自学成才，看别人怎么做就学会了。在编织竹子制品时，要用一块石头压住，这样编织物的另一头就不会翘起来了。这些竹子原本没那么密集，但编织起来就可以变得很密集，如果你把食物放在这里，就可以捕鸟了，还可以用来装小鱼。这些装小鱼的竹筒，也可以用黄皮树编织，可以放在河里，我就用这个捉到了一些塘虱鱼①。

经过几十年的学习，我最擅长编织帽子。这是嫁妆里的陪嫁之物，又称

①学名胡子鲶，又称塘角鱼。属于热带、亚热带鱼类，分布于我国南方各地。

童估仔[①]。我现在已经70多岁了，已将技艺传给了我儿子。我是看着别人编织并自己练习的，所以这些编织物的形状都是我自己记在脑子里，而非画出来的。

我能创造一些没人教过我的东西，比如船和鸡笼。我编果篮要用五六天时间才能完成，但收益很高，果篮上面这些精细的花纹和尼龙制品，也是我的创新。这些需要七天左右完成，其中有两天半要用来将竹筒削成竹篾，即削皮。我编织的作品特点是整体光滑，手感舒适，我的创造力和模仿能力是很强的。

我是从我母亲和村里的老人那里学会编织技巧的，他们传授给了我很多知识和技巧。至于这顶帽子，它是根据一个样板编织的，但我也加入了自己的创意和设计。我所做的东西确实有很多是模仿的，比如像这顶帽子，但也有一些是我自己独立创作的，还有一些是根据别人的创作来的灵感。

我的编织作品包括单层和双层的，种类繁多，全是我一个人手工编织而成的。这些作品大小适中，别人可以方便地放置物品。虽然看起来简单，但实际上别人很难做到。

我自己认为我的编织技术比别人要好，以前我们这里有三个人卖编织品，但只有我出去摆卖的时候其他两个人才去摆卖，如果我不摆，他们也不摆。我的款式比其他人多很多，而且我会带着整包编织品去摆卖。如果你问其他人是否会编织并询问他们是否有展示品，你会发现我的编织品更优秀。阿群[②]也会来找我编织东西，证明在广东省，我的编织品也是数一数二的。

何：您编织的物品大概有哪些种类？

汤：我亲手编织出来的作品有三四十种，有鱼笼、黄士帽、下雨帽、耕田帽、簸箕、水果篮、盖子、装酒装米的篮子、装小鸡的鸡笼等等。有单

①三灶黄线骨头篷在三灶的俗称。

②郑州群，三灶的非遗工作者。

层的也有双层的、三层的，多层的是分开编织，最后再套在一起。但水果篮是直接编成双层的。一些作品是我构思后编织出来的，它们有各种不同的用途，如这个小船就是我自己编织出来给小朋友玩和放东西的，这是我自己想出来的。

这些作品都有它们的实用价值：装猪的猪笼，用来钓鱼的小篮子，用来装米或结婚拜神用的大箩筐，用来送饭菜和晒东西的提篮和吊篮，用来蒸食物的大容量的篮子，用来买菜的小篮子，养小鸟的鸟笼，装青蛙的笼子以及藤帽。这些物品看似简单，但实际制作过程非常艰难。如用来敬酒的茶盘与椭圆形的茶盘不同，它的盖子是用竹子做的，可以把盖子搁进去后靠着竹子的弹力拿不出来。谷筛子编织也比较难，用的是藤子而不是竹子。

编织最难的是那顶帽子。它的材料是白藤，比竹子更难处理，因为白藤的外表有刺，需要削皮才能使用。白藤帽子是由外层白藤和内层竹子编织而成的，工艺要非常精湛才行。竹子的优点是很结实，可以放几十年，打上油之后更不易腐烂。

何：您是怎么设计出这种单层和双层编织帽子的？编织这些帽子，最困难的是哪一部分？这顶双层帽子编织了多长时间？

汤：这种帽子叫“渔民帽”，又叫“三灶黄线骨头篷”或称“童估仔”，编织复杂，需要耐心和技巧。编织这顶双层帽子需要240多条竹编和草编，用了7条竹和13条藤，用时7天，最难的部分是帽子外沿的编织。这顶帽子市场价大约1000元。

藤帽是用细藤条编织而成的，因为藤条太厚会影响美观。这些藤条制品的制作，不仅仅要注意细节问题，还需要考虑尺寸、形状等因素。制作这些编织品需要耗费更长时间，甚至需要一年的时间。

何：您最拿手的绝活是什么，也就是您会的、别人不会的活是什么？最好的编织品是哪一个？

汤：我觉得我没有什么特别拿手的绝活，每一种编织都需要用心去学、用心去做。我就是想织什么就织什么，不想织就不织。要说最拿手的绝活，其实就是处理材料，就是削藤条和削竹子，因为只有把东西削好，才能编织出好的物品，只有竹子的大小粗细一致，才能编织出精美的作品。削竹子时，需要根据不同的部位采用不同的角度，才能削出理想的形状，还要注意手放上去不扎刺，因此要有个皮套戴在手指上。我处理原材料的方式是别人学不来的。

我是自己设计编织作品的，包括双层编织技巧，主要靠自己的记忆和经验积累，通过多练习，现在只要在脑海中想出一个形状，不需要看也能削出来。我编织的竹片船需要手工削竹片，并且要注意每个部位的处理方法，只一味地向外削，编织会出问题。掌握这个技能是因为我买了丝线回来编织，后来发现用竹片编织更好看，就开始学习了。我也是在不断练习，并认真去做，比如花篮的底织不好就丢掉重做。我特别注意编织花篮角的部分，因为如果角编织得不好，整个花篮就不美观。

我擅长编织渔民帽，编织帽子需要围绕藤头编织，藤条数量不宜过多或过少，一般来讲，基本要求是每圈需16对藤条，连续编织。编织帽子需要用大石头压住它，没有大石头就不可能，石头需要重达100或200斤才能压住。扎紧并放上帽子的办法是先将编织好的帽子放入模具中，用一块100斤的石头压制一周，以使其成型。制作帽子竹子要穿插在一起，藤条数量基于经验和喜好而定，所以无法预算需要多少材料。但现在我已经不织这些了，因为这个过程太辛苦了。

何：关于您编织的帽子，您认为它好看在什么地方？这很可能是您的绝活。

汤：关于那些渔民帽，以前那些人戴的帽子是没有那么漂亮的，以前这些帽子是结婚时才买，一顶帽子3.7元一个，价格不像现在这么贵。以前打渔的渔民，每个人都自己编织帽子头篷的，买回来的都是结婚才用的。白石公山[1]那边有好多白藤，我要自己去采、自己削，削不到藤就没办法织，不把帽子的边扎起来就织得不那么漂亮。你坐在这里看也能感受到那些网纹织得很漂亮，两个边合在一起才好织，你插不进去就织不好。这样的帽子我已经好多年没织过了，因为我的脚也不好，没办法去砍竹子。

何：三灶编织的选材有什么要求，选材时需要考虑哪些方面？

汤：要选择好的材料才能织出漂亮的编织品。比如编篮子，选择竹子时，要上山砍那些经过挑选的竹子，即要注意杆子的粗细和质地，确保是优质材料，不漂亮的竹子不要砍；砍下来之后要削，只有削得好才能织得出漂亮的篮子；竹子放久了会变干，很难削，所以要及时织篮子；竹子若不好，就不耐用，就会影响品质。现在，即使自己亲戚朋友砍竹子，也要按照市场价支付报酬。竹子材料，可以在山上寻找。

何：三灶编织用的竹子有多少种？

汤：有山竹、红竹、毛竹等。大条的毛竹通常用来搭棚，编织比较困难。我们通常用的是粉单竹和黄竹，白藤不是竹子，是一种藤，常用来编织。其中有一种叫做枯藤，有刺，很大条。在白石公山有很多人种这种枯藤。

我去采集白藤的白石公山离我们这里较远，需要半天左右的时间才能到达，那附近有一个金岸酒店。采集白藤大概需要一天时间，因为我是手工砍伐，所以采集回来的材料量不是很多。我一般会带着一把砍刀、扁担和一辆手扶车，采集的时候会将砍下来的白藤放在手扶车上，回来的时候推着车。

何：您都用了哪些编织工具，削竹子用的是什么工具？这些工具好找吗？

①地名，位于珠海市相邻金湾区的斗门区，那里有珠海市第二中医院、金岸酒店等，步行距汤何佳住处较远。

汤：我使用的编织工具有砍刀、镰刀、钳子和刀片等。砍刀和镰刀用来砍竹子，刀片则用来削竹子。这些工具大多数都可以在市场上买到。如果你想了解这些工具的具体样子，我可以给你拍照。我也可以演示如何使用削竹子的刀具。

何：草编织与竹编织有什么不同？

汤：草编织与竹编织用的材料不同，采用什么手法，要看你编织什么东西。草编织通常使用鲜草晒干后再编织，柔软一些；草编织不能织所有的东西，有些东西只能用竹子来编织；草比较好织，但草编制品容易生虫发黄，也容易腐烂；草编织不用削，可以买点鲜草回来晒干就能织；鲜草是可以织船的。总体讲，草编织在技艺上与竹编织有相通的地方，但也有不同之处。在江门市，一堆鲜草300元就可以买到。

何：您喜欢编织哪种手工艺品，喜欢草编织还是竹编织？

汤：我喜欢编织各种手工艺品，具体要看自己的心情和灵感。至于编织材料的选择，我更喜欢竹子，因为草比较难织，竹子用刀削，可以做成各种形状，有更多的发挥空间。削竹子需要用磨盘，我会慢慢削，直到关节疼了才停。

现在我经常用编织作为锻炼身体了，医生说长时间坐着不好，我在编织的时间比较久时，就会休息一下。一般讲，从市场买材料回来后，我就开始编织了，有时顾不上吃饭，晚餐我就简单吃些面包。

何：我们的三灶编织与全国的很多编织相比，有什么独特的地方？

汤：我们的编织是自己削好材料，一点点编织的。斗门的编织是用比较大的器械编织的，其工艺没有我的精湛。我的作品放在三灶市民文化中心展示，有人也摆出他们的作品，但一比较，大家就知道我的好了。

三、关于保护传承

何：咱们海澄村很多人都会编织篮子，请介绍下三灶编织的历史。您的祖辈有多少人在传承这项技艺？

汤：三灶编织应该有几百年历史了，是由祖上传承下来的。

我无法确定哪些老人影响了我，但我的父母肯定起了一定作用。我父亲是从事农田劳作的，不会编织，但是母亲会。我无法确定我的爷爷和外公是否对我有影响，因为他们都已经去世了。以前我自己编织东西，没有人来教我。以前没有电灯，晚上都是点蜡烛工作，我常常编织到晚上12点钟才睡觉。

我父亲那一辈在生产队编织东西的人主要有何启文、郭启文、何家康、陈齐风等，他们都已经去世了。以前我经常去他们家，他们对我有很大影响。他们从事的主要是保管谷物的工作，都会编织技艺。我曾与徐润发、黄计娣等人一起读书，但当时都还不会编织。前山[①]的陈洪灿老师编织技艺也很好。

何：您怎样评价一个编织作品的好坏，是以外观设计还是以工艺技术新旧，或其他因素作为评判依据？

汤：首先要看编织的技巧，其次是用材是否合适。对于竹子来说，有竹节的部分是难以编织的，所以必须选用没有竹节的部分进行编织。至于具体怎样评价好坏，这需要根据作品的实际情况来综合考虑。

比如，藤编物和帽子两个物品，藤编物比帽子好，因为它的工艺更复杂，削藤很困难；藤编物做工精细，有花纹，而帽子没有。藤编的东西做得比较久，但我个人更喜欢做得快一点的帽子。

再如，这两只大艇和小艇，两者不同，大艇较为复杂，质量更高。

又如提篮，我更喜欢较大的提篮，因为它可以容纳更多的东西，至于带

①珠海市香洲区街道，位于城区西南部。

盖和不带盖的提篮，它们各有不同的用途，无法进行好坏的比较。较细致的提篮，工艺更为精细，用时需三天。

而从实用性角度考虑，比较容易织的物品价格较便宜，比较难织的物品价格较贵。其中，抓小鸟用的物品比较容易织，用来扇凉的物品也比较容易织，这些物品都很实用。对于织制材料较粗的竹子，更适合晚上织制。总之，好的作品制作难度更大。

何：您的编织品非常精美，但您儿子说，编织这些东西很辛苦，而且得到的回报不高，您有何想法？

汤：有些人认为编织很简单，实际上是非常辛苦的。有一次我受托，要编织一些作品并进行拍摄，我把编织好的作品放在门口展示，他们在广州拍完照片后又带到北京，当地的人非常喜欢；后来珠海一所高校来了4个人到我家拍摄；有次还请了一些模特来家里随便拍，拍到晚上12点多。但这些工作，我们并没有得到任何报酬。最过分的是，有次有两个男孩和两个女孩来家拍摄，我们和一个女孩还有领导在忙的时候，有个男孩趁我们不注意从我们的柜子里偷走了从北京带来的纪念牌。

何：您从15岁到现在76岁，坚持了60多年，为什么要坚持编织？有什么打算？

汤：我并没有什么具体打算，毕竟我已年过古稀，但编织现在让我感到快乐并且保持身体活动。我儿子也会问我这个问题，但我也不知该怎么回答他。当年是由于生活困难，只好学编织，非常辛苦。

我孩子40多岁了，都很少编织，因为他们忙于工作，晚上10点才下班回家，回家后还得洗澡、洗衣服、晾衣服，忙前忙后就得到11点了，没有太多的时间。现在有机器可以辅助编织，但是手工削竹子仍然是很辛苦的，机器也很贵，需要几万元，我得到的机器都是别人送的。

现在，如果我想编织东西，会慢慢地编，慢慢地削竹子、整理藤子。如果有人想购买我的作品，我会卖给他们；以前，按照当时的物价水平，我的作品售价250元，但现在的价格虽然只有1000元，也没有人愿意购买，那就算了。以前下班后回家就想编织这些东西，一直在织，其实就是想多赚点钱补贴家用，能赚多少是多少。我儿子说，现在买一个编织的篮子要500元，他们宁愿花钱打麻将也不舍得购买编织品。

何：谈谈您的徒弟陈佛喜。他还在学编织吗？您还有其他徒弟吗？

汤：我的徒弟陈佛喜，他曾经来找我学习编织，但他的脚不方便。他想给我钱，教他学习，但我给了他一个篮子，让他通过自学掌握。后来，他说他无法织出漂亮的作品，我教了他一段时间，他还是无法成功。他说他很愿意学，但我认为他可能不适合学习编织了。他现在已经50多岁了，也不再学习编织了。

我的徒弟数量不多，目前没有别的徒弟了。

何：您是否打算收徒？

汤：现在你问我有多少徒弟，我不太清楚，但是如果有人来找我学习，我会收他们做我的徒弟。我也会教别人，不管是学生还是老师。有些人可能天赋一般，但我也会尽全力去教他们。十个手指有长有短，每个人都有自己的优点和不足，所以我们要珍惜每一个人，不要嫌弃别人。我自己的孩子我也会教育，教他们做人做事要诚实守信，不偷不抢。我希望他们能够实实在在地赚钱，吃苦耐劳，不要得罪别人，不要逞强。这就是我教育子女的方法。

我被评为省级、市级传承人后，肯定会对三灶竹草编织技艺的发展有促进作用，至于到底是更喜欢传统编织还是更喜欢创造新品，我也很难说清楚。但是现在我编织的作品已经被拍照记录下来了，已成为三灶宝贵的文化遗产了。

访谈后记

我们的访谈告一段落，由于汤老先生两耳已完全听不到声音，我们只能靠写些简单的字并用手语暗示，才能与他进行简单的沟通，这是一次非常艰难的采访，但总算克服了最艰辛的部分，完成了预定的访谈基本内容。

后 记

完成国家级、省级非遗项目代表性传承人的8篇访谈录，历经6年时间，这期间，我国的传承人口述史记录工作有了长足的发展，从国家级非遗传承人，逐渐涉及省级，甚至地市级传承人，此项工作得以全面展开。

8篇访谈录集中反映了口述史记录以及写作访谈录所遇到的一些变化。

1. 视野开阔。苏少琴、蔡柳森的传统音乐传承人口述史，所进行的内容并非只涉及音乐，而是涉及更广阔的文化层面。由苏少琴的渔歌引申出了汕尾渔民的婚嫁习俗和仪式特征；由蔡柳森的哭嫁歌引申出了包办婚姻时代女性的地位及家族习俗对女性婚姻的影响。对历史的关注，使口述史从关注个人历史信息开始转向更多关注人文的大文化环境。

2. 记忆故事。在所有口述访谈中，均以当事人的回忆展开，这是一个保存建构性记忆的过程，过程中有真实、模糊、遗漏、遗忘甚至还有夸大，这需要在访谈录中做有效的处置，包括运用跨学科的方法进行研究佐证。汤明哲、苏少琴的访谈录便是在大量文献研究基础上对口述做了订正，从而确立了坚定的真实性并奠定了真实又详实的基础。他们的记忆故事，也已从个人的历史信息转到集中展示历史的人文环境及那时的事象。

3. 情感引导。传承人的口述，很多时候会在一种情感的环境中谈及生活经历和个人感受，这样，叙述本身便有了强烈的感情色彩，尤其当传承人年龄偏大时，人生的阅历造就了他们对新旧事物与生俱来的对比。钟金平、汤何佳、苏少琴、蔡柳森、吴金喜，他们都是在情感奔泻中引出了自己的回忆，这种情感与记忆的联系，或许更真实、更具有地域性和年代感，他们叙述时的喜怒哀乐，令访谈录有了当下的意义。

4. 叙事历史。在历史的记忆中，常常出现对历史事件的回忆，这是对地方民间文化史，甚至地方史的一个补充。梁广桓、钟金平、汤何佳、汤明哲、苏少琴，他们对历史事件的叙述，或许带有更多的个人主观性，但都带有问题关怀，也都有一个共同的特点，即在叙述时运用相关物件边讲边演示，这使历史成为活生生的当下表现，随着对各种物件的展示和解读，历史的真实性便越加清晰和自然。

5. “绝活”技术。目前访谈录重点记录的仍然是传承人在本项目中的技术“绝活”，这些历史信息承载了传承人多年的技术积累，也是他们之所以成为某一项目传承人的基础，无论是口述访谈还是访谈录的写作， 在这方面花费的笔墨都很多，如此，才可奠定“绝活”的特点基础，但也是学术专员做访谈的最棘手的问题。吴金喜、陈社金、蔡柳森、苏少琴、汤明哲，这类传统音乐非遗传承人的“绝活”特点，往往是在比较中产生的，它们没有客观标准，更多的是在他人的评价以及在多人的比较中产生。

口述访谈及访谈录写作，有着太多值得研究的工作。从文化的角度看，访谈录不仅完成了传承内容，同时也形成了一种文化影响，就此，也就有了非遗传承与传播两方面的意义。

何　平